KB215992

선교사 예수님처럼

선교사 예수님처럼

2023년 12월 3일 초판 1쇄 발행

지은이 | 유정상
펴낸이 | 고준영
펴낸곳 | 열매 맺는 나무
인쇄 | 벽호

등록번호 | 제496-91-00529
주소 | 경기도 파주시 교하로 50. 203-1107
전화 | 070-4065-4376
이메일 | juneyk7@gmail.com

책 값은 뒤표지에 있습니다.

유정상 지음

선교사 예수님처럼

날마다 하나님 나라를 사는
교회 이야기, 선교 이야기

열매 맺는 나무

목차

Part 1. *Festival Church*
교회여, 잔치하라! 초대교회처럼

날마다 하나님 나라를 사는 교회 이야기, 선교 이야기

날마다 하나님 나라를 산다는 것은 어떤 의미일까요? 그것이 사실 가능한 일이긴 할까요? 초대교회 당시 예수님을 삶의 주인으로 받아들인 제자와 성도들을 보면, 하나님 나라가 무엇인지 피부로 경험하며 상황을 뛰어넘어 하나님 나라의 풍성함을 누리는 것을 볼 수 있습니다.

물론 그렇다고 초대교회 성도들이 꽃길만 걸었다는 것을 의미하진 않습니다. 그들에겐 가난이 현실이었고 핍박이 일상이었으며 내일 일을 알 수 없는 불안함이 가득했습니다. 그럼에도 천국은 그들의 삶에서 멀리 있지 않았습니다. 예수님을 만나 그분의 나라, 즉 천국에서 살기 시작했기 때문입니다.

천국은 현실과 거리가 먼 이상적인 이야기도 아니며 특별한 자에게 임하는 것도 아닙니다. 물론 죽어야만 갈 수 있는 곳도 절대 아닙니다. 예수님과 동행하는 곳이라면 높은 산이나, 거친 들이나, 초막이나, 궁궐이나 모두가 '하나님 나라, 천국'입니다.

이번에 책으로 우리 교회 이야기를 기록하는 이유도 초대교회 성도들의 하나님 나라 이야기가 그들만의 이야기가 아니라, 지금 우리에게도 가능한 현실적인 이야기임을 나누기 위해서입니다.

우리 거룩한빛운정교회는 매일 천국을 사는 '잔치하는 교회', '잔치의 복음'을 나누며 분립개척 5주년을 맞이했습니다. 여전히 우리들의 현실은 코로나의 후유증과 어려움, 여러 고난의 연속이지만 그 어떤 힘겨움도 매일 우리에게 펼쳐지는 하나님 나라를 가릴 수 없기에 그 복음의 본질만을 붙잡고 열심히 달려왔습니다. 그리고 그렇게 와

보니 어느덧 다섯 살 생일잔치를 하게 되었습니다.

지난 거룩한빛운정교회의 5년을 되돌아보면 분립교회로서 또한 개척교회로서 바람 잘 날 없이 감당해야 할 어려운 일들도 많았지만, 그것과는 비교할 수 없는 은혜가 있었기에 넘치는 감사의 이야기들을 남기게 되었습니다. 특히 그 여정 속에서 새로운 교회를 잉태하고 낳는 분립개척의 축복을 선물로 받았습니다.

'건강한 교회가 건강한 교회를 낳는다.'는 믿음으로 거룩한빛광성교회로부터 분립된 거룩한빛운정교회가 분립개척의 DNA를 품고 이제 '거룩한빛예안교회'를 낳는 분립의 이야기를 쓰게 되었습니다. 이 책은 우리 거룩한빛운정교회 모든 성도가 '1-1=2'라는 다소 생소하지만, 알고 나면 고개가 끄덕여지는 교회 부흥의 원리를 나눈 '하나님 나라 잔치'의 말씀을 모았습니다.

1부에서는 역동적인 초대교회처럼 온 교회가 천국 복음으로 하나 되기 위한 말씀을 다루었고, 2부에서는 복음 안에서 하나 됨을 가능하게 하는 본질적인 기도, 주기도문 강해 말씀을, 3부는 선교사로 오신 예수님처럼 하나님의 선교에 부름 받고 보냄 받는 성도와 교회의 정체성에 대한 말씀으로 구성되어 있습니다.

이 책을 통해 운정교회에 역사하신 하나님의 사랑과 은혜의 역사가 느껴지고 감사의 고백이 나올 수 있다면 좋겠습니다. 아울러 이 책을 읽는 모든 분들의 삶에 하나님 나라의 생동감 넘치는 이야기가 풍성해지기를 바랍니다.

마지막으로 이 책이 나오기까지 도움을 주신 분들에게 감사의 마음을 드립니다. 먼저, 우리 교회가 '아사교회생(我死敎會生)' 정신으로 건강하고 개혁적인 교회가 될 수 있도록 기틀을 마련해 주신 정성진 목사님께 감사드리며, 하나님 나라 복음의 관점을 선명하게 열어주신 김형국 목사님께도 감사드립니다.

'선교적 교회'에 대한 열망을 품게 도와주신 풀러의 서경란, 이상훈 박사님께도 감사함을 전하며, 목회 초년에 실수가 많음에도 인내하면서 사랑으로 함께 운정교회를 세워 온 장로님들과 성도님들, 동역자 목사님들과 기쁨을 나누고 싶습니다. 교회 식구들의 건강한 동역이 없었다면 이 책은 한 페이지도 세상을 볼 수 없었기에, 공저자들이신 우리 운정교회 성도님들께 진심으로 감사의 마음을 드립니다. 무엇보다 에벤에셀의 하나님께 남김없이 감사와 영광과 찬미를 올려드립니다.

Festival Church

교회여, 잔치하라!
초대교회처럼

흩어지며
잔치하는 교회

사도행전 11:19~21

19 그 때에 스데반의 일로 일어난 환난으로 말미암아
흩어진 자들이 베니게와 구브로와 안디옥까지 이르러
유대인에게만 말씀을 전하는데
20 그 중에 구브로와 구레네 몇 사람이 안디옥에 이르러
헬라인에게도 말하여 주 예수를 전파하니
21 주의 손이 그들과 함께 하시매 수많은 사람들이 믿고
주께 돌아오더라

우리는 왜 분립하려 하는가?

우리 교회는 '매일 주님과 잔치하는 교회'라는 주제로, 축제를 선포했습니다. 말씀의 잔치, 사랑의 사귐 잔치, 교회를 세우는 잔치입니다. 오늘부터는 교회를 세우는 잔치에 관한 말씀을 나누려 합니다.

우리 교회는 분립개척을 준비하고 있습니다. 〈미래 준비팀〉을 구성해서 설문과 인터뷰를 통해 성도들의 여러 의견을 들었습니다. 또한 〈분립개척 위원회〉를 구성해서 구체적인 방향성과 방법론, 건강한 분립을 위한 준비 작업을 해왔습니다.

그리고 올해 들어 본격적으로 속도를 내면서 분립 목사와 예산을 정하고 일정도 확정했습니다. 이제 본격적으로 분립교회의 공동체를 구성하는 단계에 왔습니다. 성도들이 동참하는 교회를 세우는 잔치가 비로소 열리게 된 것이지요. 한 달간 진행될 '교회를 세우는 잔치' 말씀을 통해서 건강한 분립개척의 기초를 함께 다지는 시간이 되길 바랍니다.

우리는 왜 교회를 분립하고, 새 교회를 세우려고 하는 걸까요? 교회를 분립하면 시간도 돈도 힘도 많이 드는 데 왜 군이 불편을 자청하고 있을까요? 우리가 교회를 세우는 것은 신도시 교회의 유행 때문도 아니고, 집단적인 욕심도 아니고, 자랑하려는 것도 아닙니다. 목회자나 성도들 개인을 위한 것은 더더군다나 아니지요.

교회를 세우는 것이 중요한 이유는, 그것이 '교회의 본질'과 관련이 있기 때문입니다. 교회의 본질이라는 것은 예수께서 교회를 세우신 근본적인 목적에 부합하는 걸 말합니다. 예수님이 주인 된 교회라면 마땅히 해야 할 근본적인 역할이 있다는 말이죠.

교회의 그런 본질적인 요소를 담고 있는 교회, 모든 교회의 원형이 될 만한 교회는 성경 어디에서 찾을 수 있을까요? 바로 우리가 읽은 사도행전 11장에서 발견할 수 있습니다. 안디옥교회입니다. 1세기 우리 하나님의 마음을 설레게 했던 안디옥교회를 살펴보면서 우리에게 기대하시는 교회의 모습은 어떤 모습인지 함께 찾아보면 좋겠습니다.

모든 교회의 원형, 안디옥교회

먼저, 간단하게 안디옥의 특징을 이해하면서 시작하겠습니다. 안디옥은 1세기 로마제국 당시 로마, 알렉산드리아와 함께 3대 도시였습니다. 인구 약 70만 명의 대도시였지요. BC 300년 전에 세워진 안디옥은 무역과 소통의 중심지였고, 아시아 지역에 세운 헬라식 신도시였기에 다양한 문화를 적극적으로 교류하는 화려한 문화 도시였죠. 이런 곳에 복음을 접한 유대인들이 하나둘 모여 살게 되었고 이곳에 위대한 교회가 세워집니다.

지역적인 특징이 말해주듯이, 안디옥교회는 예루살렘교회와는 사뭇 다른 분위기 속에서 성장했습니다. 즉 예루살렘교회가 하지 못했던 새로운 역할을 담당했는데 이방 선교의 시점이요, 선교의 거점이

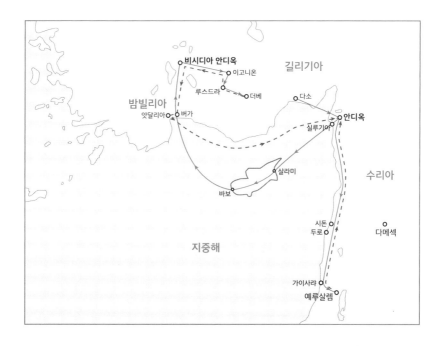

되었다는 사실입니다.

안디옥교회는 2,000년 동안 복음 전파와 하나님 나라 확장의 모체가 된 교회였기에, 교회의 본질과 원형을 잘 담고 있습니다. 우리가 앞으로 사도행전의 말씀을 따라갈 때, 안디옥교회의 이야기가 2,000년 전에 있었던 한 교회의 이야기에 머물지 않고 오늘 우리 안에 살아있는 부흥의 이야기가 되었으면 좋겠습니다. 또한, 이번 기회가 우리 믿음의 본질이 다시 회복되는 시간이 되었으면 좋겠습니다. 무엇보다 초대 안디옥교회에 일어났던 역동적인 하나님 나라 확장의 역사가 우리 운정교회가 분립개척하는 가운데서도 동일하게 일어나길 간절히 소망해 봅니다.

예루살렘교회 설립 후 15년 만에 이방인에게 복음이 전해진 계기

오늘 말씀은 '그때에'로 시작합니다. 여기서 말하는 그때는 언제를 말하는 걸까요? 학자들은 대략 AD 45년경으로 봅니다. 예루살렘교회가 시작된 건 30년이고, 2년 뒤에 스데반 사건이 일어나 교회가 흩어집니다. 그리고 그 1년 후에 바울이 회심하죠. 이때가 AD 33년입니다. 안디옥교회는 예루살렘교회가 세워지고 15년 정도 지난 후에 세워진 교회였습니다.

여기서 주목할 점이 있다면, 15년이 지난 그때까지 유대인에게만 복음이 전해졌다는 거죠. 그러던 그때, 하나님의 눈에 놀라운 한 장면이 포착됩니다. 헬라인에게 예수 복음이 전해지는 장면입니다. 그때부터 성령의 놀라운 역사로 이방인들 가운데 복음이 전해지기 시작합니다. 바야흐로 이방 선교의 새 역사가 시작된 것입니다. 이것이 안디옥교회의 탄생 이야기입니다.

본격적으로 안디옥교회를 살펴보기 전에. 그 이전에 있었던 한 사건을 짚고 넘어가려고 합니다. 그건 바로 교회가 흩어진 사건입니다.

그 날에 예루살렘에 있는 교회에 큰 박해가 있어 사도 외에는 다 유대와 사마리아 모든 땅으로 흩어지니라 행 8:1

그 때에 스데반의 일로 일어난 환난으로 말미암아 흩어진 자들이 베니게와 구브로와 안디옥까지 이르러 유대인에게만 말씀을 전하는데 행 11:19

예루살렘교회 성도들은 사도들 외에는 뿔뿔이 흩어졌습니다. 왜입니까? 스데반의 순교를 시작으로 본격적으로 교회에 큰 박해가 시작되었기 때문이죠. 그런데 우리가 이 장면에서 결코 놓쳐서는 안 되는 부분이 있습니다. 당시 초대 성도들은 큰 박해 속에서도 결코 믿음 앞에서 타협하지 않았다는 겁니다. 타협하거나 포기하지 않고 오히려 믿음을 위해서 그곳을 떠나기를 선택했다는 것입니다. 정들었던 사람들과 헤어지기 싫었지만, 믿음을 지키기 위해서 과감하게 익숙했던 곳을 떠나 뿔뿔이 흩어진 거죠. 어떻게 이런 일이 가능했던 걸까요? 예수 안에서 진짜 자유를 맛보고, 진정한 평화를 맛보았기 때문입니다.

진리를 알지니 진리가 너희를 자유롭게 하리라! 요 8:32

예수 안에서 진리를 맛본 자는 그 믿음을 결코 포기할 수 없어요. 우리도 그럴 수 있을까요? 어떤 어려움과 시련이 와도 믿음을 포기하지 않을 수 있는지 물어보아야 합니다. 외부적인 환경과 신앙의 상관관계는 어떻습니까? 우리는 이 사실을 꼭 기억해야 합니다. 초기 교회 성도들은 고난을 겪으면 겪을수록 오히려 예수를 더 사랑했고, 핍박이 심하면 심할수록 교회를 더 지키고 더 사랑하고 더 세워갔습니다.

다음 사진은 수리아 안디옥의 실피우스 바위산에 있는 동굴의 모습입니다. 안디옥의 성도들은 혹독한 핍박의 시기에, 4km가 넘는 바위산 내부에 동굴을 파고 300년간 흩어져 살면서 믿음을 지켰습니다. 믿음으로 고난을 덮은 거죠. 그들은 믿음의 본질을 지키기 위해서 더 과감히 더 멀리 더 역동적으로 흩어졌습니다.

  안디옥교회는 한 마디로 그렇게 흩어진 자들로 세워진 교회였습니다. 오늘 우리가 주목할 초대교회의 영성은, 다름 아닌 '흩어짐의 영성'입니다. 역사에 가정은 있을 수 없다고 말하지만, 만약 초대교회 성도들이 흩어지지 않았다면 세계 교회의 역사는 어떻게 되었을까요? 사실 종교적인 이유로 핍박받는 것은 이루 말할 수 없이 고통스러운 일이죠. 그런 일이 없기를 바라는 건 당연한 겁니다. 하지만 하나님께서는 이 피할 수 없는 환난과 핍박을 오히려 하나님 나라 확장을 위한 놀라운 기회로 바꾸셨습니다. 이 핍박은 하나님의 섭리이자 위대한 연출이었던 것입니다.

익숙한 곳에서 '흩으시는 하나님'

오늘 우리는 조금은 낯선 하나님을 마주하고 있습니다. 어쩌면 모른 척 거부하고 싶은 하나님의 모습인지도 모릅니다. 바로 '흩으시는 하나님'입니다. 당신의 백성들을 기꺼이 흩으시는 하나님. 하나님이 그렇게 하시는 궁극적인 이유는 무엇일까요?

우선, 이 세상을 구원하고 사람을 살리는 복음은 본질상 한자리에 머물러 있을 수 없는 것이기 때문입니다. 생명을 살리는 복음은 본질상 한곳에 머물러서는 안 됩니다. 복된 구원의 소식은 세상을 치유하고 회복시키는 이야기이기에, 예수 그리스도의 십자가와 부활의 구원 이야기는 소망 없는 세상 구석구석 전해져야만 하는 것이죠. 그래서 교회는 흩어지기 위해서 계속 모이고, 모이기 위해서 끊임없이 흩어져야 하는 것입니다.

하나님이 흩으시는 또 한 가지 이유는, 이렇게 복음은 본질상 흩어져야 하는데, 우리 인간들은 흩어지기를 싫어하기 때문입니다. 익숙해지면 머무르려고 하지요. "여기가 좋사오니."라고 합니다. 베드로가 변화산에서 예수님이 변화하시는 놀라운 광경을 보고 거기 머물고 싶어 했습니다. 그때 예수님이 뭐라 하십니까? 적극적으로 산 아래로 떠나보내시죠. 흩어지라고 하십니다.

그렇습니다. 하나님은 의도적으로 당신의 백성들을 익숙한 곳을 떠나 흩으심으로 말미암아, 예전에는 전혀 생각지도 못했던 새로운 일들을 창조해 가십니다. 아브람에게 하란을 떠나라 하신 것도 그런 것 아닙니까? "너는 너의 본토 친척 아비 집을 떠나 내가 네게 지시할 땅으로 가라!" 이 말씀은 익숙하지 않은 곳에 너를 보내서 너는 낯설고 물설겠지만, 나는 새 일을 행하겠노라고 선포하시는 것 아닙니까?

하나님은 중요한 역사적 순간순간마다 그렇게 자녀들을 과감히 흩으셨습니다. 왜요? 우리가 전혀 상상치 못할 하나님 나라의 창조적인 새 역사를 시작하시려고요. 오늘 본문이 그렇습니다.

> 그 중에 구브로와 구레네 몇 사람이 안디옥에 이르러 헬라인에게도 말하여 주 예수를 전파하니 주의 손이 그들과 함께 하시매 수많은 사람들이 믿고 주께 돌아오더라 행 11:20~21

이로써 유대인에게만 복음을 전해야 한다는 고정관념이 깨졌습니다. 그리고 새로운 도시에서 다양한 배경을 가진 이방인에게도 예수 복음이 전해집니다. 이방인 선교의 물꼬가 트이는 순간이었습니다. 누가 상상이나 했겠습니까? 전혀 상상치 못했던 이방인 선교의 문이 열린 겁니다. 저와 여러분은 이 사건으로 구원받은 자녀가 될 수 있었던 것입니다. 이러한 이방 선교의 패러다임은 초대교회 성도들이 흩어지지 않았다면 불가능한 일이었습니다.

　우리 이 말씀을 진지하게 가슴으로 받는 운정 공동체가 되면 좋겠습니다. 우리 하나님은 오늘 우리에게도 이렇게 흩어지기를 기대하시지 않을까요? 복음을 들고 흩어지고 믿음을 위해서 흩어지고 운정이라는 신도시에 새로운 영적 변화를 일으키기 위해 적극적으로 흩어지길 기대하시지 않을까요? 5주년을 맞이하는 우리에게 더 창조적인 꿈과 계획을 품으시고 '흩어짐의 결단'을 내리길 기다리고 계시는 건 아닐까요?

하나님 마음을 설레게 했던 안디옥교회처럼

　우리 운정교회가 안디옥교회를 닮아가려는 이유가 바로 여기에 있습니다. 초대 안디옥교회가 하나님의 마음을 설레게 했던 것처럼, 지금 우리 가운데 계시는 하나님의 마음을 다시 두근거리게 하고 싶기 때문입니다. 초대교회에 불었던 성령의 역동적인 새바람을 이곳에 다시 초청하여 이곳에서 21세기 안디옥교회를 이루고 싶기 때문입니다. 우리 운정교회는 그래서 거룩한 흩어짐, 거룩한 분립을 계획하고 있는 것입니다.

'분립'이라는 말은 말 그대로 '나눠서 또 세운다'는 의미입니다. 찢어져 갈라지기만 하는 '분열'과는 완전히 다른 의미인 거죠. 그런데 지금까지 교회 분립을 교회 분열처럼 오해하는 경우가 많았습니다. 교회 분립은 '하나님 나라' 관점으로 봐야만 제대로 이해할 수 있습니다. 제가 분립을 말할 때마다, '하나 더하기 하나는 하나'라는 말씀을 많이 드리고 있는데 이건 '하나님 나라'라는 영적인 시야를 가져야만 이해되는 말입니다. 분열은 세상적인 관점으로 볼 때, 갈라지고 나뉘어 1/2로 축소되는 것이지만, 진정한 분립은 하나님 나라라는 큰 한 덩어리 안에서 1+1이 되는 것이기 때문입니다.

좀 더 구체적으로 설명하면 이런 겁니다. 교회 분립을 교회 중심으로 이해하면 교회를 나눈다는 건 '빼기'일 수밖에 없습니다. 재정도 빼고, 사람도 빼고, 에너지도 빼고, 뭔가를 빼가는 것이지요. 그래서 웬만하면 하기 싫은 겁니다. 나눌수록 손해 보는 거니까요. 하지만, 하나님 나라 중심으로 분립을 생각하면 분립은 '빼기'가 아니라 '곱하기'입니다. 하나님 입장에서 볼 때 두 배가 되는 것이잖습니까? 그래서 분립은 하나님 입장에서는 절대로 손해 보는 장사가 아닙니다. 그래서 분립은 하나님이 기뻐하시는 '거룩한 나누기'가 되는 겁니다. 나눈다는 것도 마찬가지입니다. 나누기도 개교회 관점으로 보면 줄어드는 것 같지만, 하나님 나라 입장으로 보면 나누는 만큼 더해지는 것입니다. 교회는 만물 안에서 만물을 충만케 하시는 이의 충만이기 때문입니다. 나누는 만큼 주님께서 직접 채워주시기 때문입니다.

성경에 나오는 교회들을 한 번 보십시오. 예루살렘교회가 안디옥으로 나뉩니다. 교회가 위축되었나요? 아니면 부흥했나요? 안디옥교회를 거점으로 에베소교회, 빌립보교회, 데살로니가교회, 고린도교회가 세워졌습니다. 하나님 나라가 축소되었습니까? 아니면 확장되었습니까? 서머나교회, 빌라델비아교회, 라오디게아교회…. 나뉘지면 나뉘질수록 구원받은 백성들은 더해지고, 하나님 나라는 걷잡을 수없이 성장하지 않았습니까? 하나님 나라의 관점으로 보면, 이것은 너무나도 당연한 결과이지요.

그런데 문제는, 우리가 교회 분립을 생각할 때 하나님 나라 관점에서가 아니라 너무나 자기중심적으로, 각자 자기 교회 중심적으로 생각한다는 점입니다. 그러니까 아깝고 손해 보는 것 같아 배 아프고. 그래서 잘 안 되는 거죠. 물론 저도 솔직히 담임으로서 흩어지고 나누고 떼어주고 보내고 하는 것, 감정적으로 절대로 쉬운 일이 아닙니다. 하지만 하나님 나라를 생각하면 마땅히 기쁨으로 순종해야 할 비전이자 사명이기에 기쁨으로 선택하고 기도하면서 헌신하는 겁니다.

우리 운정교회 분립은 그런 이기적인 생각의 습관들과 싸우는 분립입니다. 하나님 나라라는 큰 그림을 보면서 하나님의 마음에 동참하는 분립인 겁니다. 지금 우리 가운데에 교회 분립을 부담스러워하는 분들도 계신 것 압니다. 그런데 우리가 모두 이것만큼은 꼭 기억했으면 좋겠습니다. '거룩한 흩어짐'은 '아쉬움만 남기는 헤어짐'이 절대 아니라는 사실을 말입니다. 흩어짐은 더 큰 하나 됨을 이뤄가는 과정입니다. 거룩한 흩어짐은 믿음의 모든 식구가 하나님의 자녀로서 더 멋지게 성장하고, 더 큰 하나가 되는 과정인 줄 믿습니다.

분립의 DNA로 또 다른 분립교회를 세운다

우리 운정교회는 광성교회로부터 흩어져 나와 4년 전에 분립했습니다. 광성교회에서 오신 분들 가운데에는 자의 반 타의 반으로 오신 분들이 많았습니다. 어떤 가정은 부득이하게 이산가족이 되기도 했지요. 거룩한 사명감을 품고 함께 따라 나왔지만 정말 쉽지 않은 마음으로 버티신 분들도 솔직히 많이 계셨습니다. 창립 2주년이 되면서 광성으로 돌아가신 분들도 계시고, 돌아가려고 마음먹었다가 운정에 잘 적응하여 남으신 분들도 많이 계십니다. 돌이켜 보면 우리 가운데, 그동안 이루 말할 수 없는 많은 이야기, 수많은 희노애락의 감정들이 스쳐 지나갔습니다.

다만 중요한 점이 있다면, 또 하나의 건강한 교회를 세우는 일에,

여러 모양의 헌신과 순종하며 참여한 성도들의 거룩한 흩어짐이 없었다면, 지금 우리 운정교회는 세워질 수 없었다는 사실입니다. 4년 전에 익숙했던 광성교회에서 과감하게 흩어져 나온 성도들과 또 다른 곳에서 운정으로 흩어져 나와서 모인 성도들의 새로운 만남이 없었다면, 우리 운정교회는 지금 이렇게 든든하게 설 수 없었습니다.

지나고 보니, 한 해 한 해가 쉽지 않았고, 때론 속상하고 정말 불편하기도 했고, 눈물겨운 시간도 많았지만, 분립개척이라는 길을 하나님이 우리에게 맡기시고, 당신이 직접 챙겨주시고, 채워주시고, 책임져주시고, 인도해 주셔서 지금의 든든한 교회로 부흥케 하셨음에 감격합니다. 참으로 감사합니다.

저는 그래서 분립이 완벽하진 않지만, 하나님이 2,000년 전 안디옥에서 행하신 선교의 새 역사가 우리 교회 가운데 다시 일어난 일이라 믿습니다. 그리고 그렇게 분립한 교회가 5주년을 맞이하면서 또 다른 분립개척을 꿈꾼다는 것이 우리 아버지 하나님의 심장을 마구 뛰게 하는 흥분되는 일이라고 믿어 의심치 않습니다.

건강하게 흩어질 준비

간절히 바라기는, 우리가 모두 거룩한 흩어짐을 두려워하지 않았으면 좋겠습니다. 모든 성도가 다양한 모습으로 거룩한 흩어짐에 동참했으면 좋겠습니다. 기도로 동참하든지, 물질로 후원하든지, 분립 공동체에 참여하든지, 재능을 기부하든지, 물품을 지원하든지, 하나 된 마음으로 참여하는 모든 것이라면, 모두가 또 하나의 교회를 세우는 거룩한 일이 될 것입니다. 다만 무엇보다 가장 먼저 필요한 것은, 모든 성도가 건강하게 흩어질 준비가 되는 것입니다. 먼저 기도하면서 마음으로 준비하면 좋겠습니다.

저는 4년 전 광성교회에서 분립해 나오고, 또 2년 전 풀향기교회 성도들을 파송하는 과정을 겪으면서 몇 가지 마음으로 정리한 내용이 있습니다. 그중에 하나가 '분립은 가출이 아니라 출가다'라는 것입니다. 분립을 가출처럼 여기면 안 됩니다. 가출은 상처를 남기지만 출가는 기대를 남깁니다. 본가는 출가한 딸을 더 챙겨 주고, 출가한 딸은 부모의 은혜를 잊지 않습니다. 서로 더 존중하고 배려하고 먼저 생각해 줍니다. 그것이 영적인 가족으로서 당연하지 않겠습니까? 그러하기에 예수 안에서 한 가족 정체성을 끝까지 잃지 않되, 또 각자 온전히 홀로 서서 새로운 생명을 잉태하는 것이 건강한 분립의 핵심이라고 생각합니다.

안디옥교회는 흩어진 자들로 시작된 교회였습니다. 하나님 나라를 위해, 믿음과 복음을 위하여, 과감하게 흩어지기를 두려워하지 않는 자들로 세워진 교회였지요. 오늘 우리가 안디옥 성도들을 생각하며 이것을 꼭 기억하면 좋겠습니다. 그들은 교회가 나눠지면 나눠질수록 더욱 주님을 뜨겁게 사랑했고, 흩어지면 흩어질수록 더욱 교회를 서로 아꼈고, 더욱 열심히 교회를 세워갔습니다. 핍박이 심하면 심할수록 믿음의 공동체를 더욱 뜨겁게 사랑하며 모이기에 힘썼고, 또한 적극적으로 흩어져 목숨 걸고 예수 복음 전하는 전도자로 일상을 살았습니다. 그렇게 믿음의 본질로 승부를 걸었던 성도들이었습니다.

우리 운정의 모든 성도에게도 그런 생명력 있는 믿음의 본질과 타협하지 않는 견고한 믿음이 다시 회복될 수 있기를 간절히 바랍니다. 어떤 상황 속에서도 절대 타협하지 않고, 주님 나라 위해 흩어지길 두려워하지 않으며, 예수 한 분만으로 만족할 줄 아는, 그렇게 견고하게 교회를 역동적으로 함께 세워나가는, 본질에 충실한 운정교회 성도들이 다 될 수 있기를 간절히 바랍니다.

간 비니 개진후..
랜썹하늘과 닮음한 늘나무 두그루...
자연의숲 계단에서 사망하지자혜론
배우다 20180702 ∿∿⁄⁄⁄⁄⁄

장벽을 넘으며
잔치하는 교회

사도행전 11:19~21

19 그 때에 스데반의 일로 일어난 환난으로 말미암아
흩어진 자들이 베니게와 구브로와 안디옥까지 이르러
유대인에게만 말씀을 전하는데

20 그 중에 구브로와 구레네 몇 사람이 안디옥에 이르러
헬라인에게도 말하여 주 예수를 전파하니

21 주의 손이 그들과 함께 하시매 수많은 사람들이 믿고
주께 돌아오더라

우리는 지난 시간에 안디옥교회가 시작되기 직전, 흩어짐에 대해서 말씀을 나눴습니다. 예루살렘으로부터 시작된 교회의 역사 속에서 초대교회 성도들이 그랬던 것처럼, 우리도 흩어지기를 두려워하지 말자는 말씀을 나눴죠. 그렇다고 오해하지는 마시기를 바랍니다. 교회가 무조건 흩어지기만 해서는 안 됩니다.

흩어지는 목적은 더욱 역동적으로 하나님 나라를 확장하기 위함이고, 곳곳마다 건강한 교회를 세우기 위함입니다. 그러기 위해서는 흩어지는 만큼이나 더욱더 모이기에도 힘쓰는 교회가 되어야 합니다. 우리는 공동체를 통해서 복음을 제대로 배울 수 있고 온전한 제자로 자랄 수 있기 때문입니다.

교회가 흩어질 때 교회를 흩는 주체가 누구인지 분명히 구별해야 합니다. 인간적인 욕심으로 흩어질 때는 상처를 남깁니다. 반면 하나님의 흩으심에는 선한 열매가 기다리고 있습니다. 그래서 하나님의 흩으심에 동참하는 교회는 어떤 변화에도 두려워하지 않는 특징을 가지고 있습니다.

혹시 선교적 교회(미셔널 처치)라는 말 들어보셨는지요? 선교적 교회는 선교적인 행사를 많이 하는 교회를 말하는 것이 아니라 하나님이 하나님 나라를 회복하시고자 모든 영역에서, 언제 어디서든 마음껏 쓰시도록 자신을 겸손하게 내어드릴 줄 아는 공동체를 말합니다. 이 말만 들으면 일반 교회와 큰 차이가 없어 보이죠. 그런데 아주 커다란 차이가 있습니다. 가장 큰 차이는 선교를 교회가 하는 여러 일 가운데 하나로 보지 않고 하나님이 이루어 가시는 선교를 위해 교회가 존재한다고 보는 것입니다. 교회는 선교를 위해 부름을 받은 공동체라는 것입니다.

이 말은, 하나님의 선교에 부름을 받은 교회는 조직이나, 제도나, 재정이나, 인력이나, 계획이나 모든 일에 있어서 변화하기를 두려워하지 않는 특징을 가진 교회라는 말이기도 합니다. 한국교회에도 최근 10년 전부터 '선교적 교회'라는 개념이 많이 알려지면서 한국 교계의 대안으로 소개되고 있습니다. 안디옥교회는 선교적 교회의 좋은 모델이 되어줍니다. 안디옥교회 성도들은 변화를 두려워하지 않았기 때문이죠. 안디옥교회는 당시 유대인에게만 복음을 전해야 한다는 오랜 고정관념을 과감히 뛰어넘는 변화 속에서 시작된 교회였습니다.

우리 운정교회가 꿈꾸는 교회가 바로 이런 선교적 교회입니다. 하나님께서 복음을 전하고 교회를 세우시고자 할 때 변화를 두려워하지 않고 그에 따라가는 교회가 되는 겁니다. 교회의 역동적인 변화와 성장은 여러 장벽을 과감히 뛰어넘을 때 찾아옵니다. 개인적인 신앙도 마찬가지이고요.

'장벽을 넘으며 잔치하는 교회'. 우리 안에 믿음을 가로막고 있는 장벽들을 발견하고, 솔직하게 직면하고 과감하게 그 장벽을 넘어설 때 식었던 믿음이 다시 자라게 됩니다. 오늘 복음의 장벽을 넘어선 안디옥교회 이야기를 통해, 우리 안에 어떤 장벽들이 믿음을 방해하고 있는지 발견하면 좋겠습니다. 또한, 우리 교회가 초대교회 영성을 가지고 교회를 세우는 과정에서 어떤 장벽을 어떻게 넘어설 수 있는지, 그 지혜를 얻는 시간이 되길 바랍니다.

이방인이란 고정관념의 장벽을 넘은 위대하지만 평범한 사람들

···유대인에게만 말씀을 전하는데 그 중에 구브로와 구레네 몇 사람이 안디옥에 이르러 헬라인에게도 말하여 주 예수를 전파하니 행 11:20

예수님이 부활하시고 나서 약 15년간, 제자들은 유대인에게만 복음을 전했습니다. 그런데 구브로와 구레네에 살던 해외파 유대인들이 아주 큰 사고를 칩니다. 헬라인에게도 예수 복음을 전파한 겁니다.

유대인에겐 세상에 두 종류의 사람이 있었습니다. 유대인과 이방인. 유대인은 하나님이 선택한 선민이고 이방인들은 지옥의 땔감이라고까지 생각하고 있었습니다. 이방인과 피가 섞였다고 사마리아인들과 말도 섞지 않고 그 지역으로 다니는 것도 꺼렸습니다. 그런데 이들이 유대인의 피가 전혀 섞이지 않은 헬라인에게도 복음을 전파한 것입니다. 엄청난 장벽을 넘은 사람들입니다.

특이한 건, 이 위대하고 역사적인 일을 한 사람들의 이름이 성경에 나오지 않는다는 점입니다. 성경은 왜 이들의 이름을 기록하지 않았을까요? 저자 누가의 실수였을까요? 아니면, 의도된 것이었을까요? 모르긴 몰라도 분명한 것은, 그들은 당시 교회 공동체 안에서 주변인들이었을 거라는 사실입니다. 사도행전에서는 대표성을 갖는 사람들은 이름을 분명히 밝혀줍니다. 특히 역사가였던 누가는 빠뜨리지 않습니다. 그런데 이름이 없습니다. 그러나 그들의 이름이 기록되지 않았다고 하여 그들 안에 심어진 복음의 능력은 다르지 않았습니다. 예수 안에서 자유를 얻고 기쁨을 경험한 그들은 가만히 앉아 있을 수 없었습니다. 그래서 누구도 넘지 않았던 장벽을 과감히 넘어 이방인에게 복음을 전했습니다.

그렇습니다. 하나님이 당신의 역사 속에서 반드시 기억하는 사람, 결코 잊을 수 없는 사람은 당시 그 사람의 사회적 지위나 영향력, 출신, 직분, 혈통이나 경험과 하등의 관련이 없었습니다. 하나님은 삶의 현장에서 하나님의 마음이 느껴지고 음성이 들릴 때, 솔직하게 반응하고 조건 없이 반응하며 순종하는 자들을 주목하셨고, 그들이 어떤 사람이든 당신의 역사를 그들에게 맡기셨습니다.

2,000년 교회 역사를 오늘까지 이어 온 진짜 핵심적인 인물은 유명한 인물이나 대형교회가 아니라 드러나지는 않았지만, 세계 곳곳에서 순도 100%의 믿음으로 하나님의 뜻에 전적으로 순종하면서, 타협하지 않고 믿음을 지켜온 사람들일 것입니다. 생각해보면 지금 북녘 땅의 지하교회 성도들이 그렇지 않겠습니까? 하나님의 눈으로 보실 때는 부흥하고 크고 힘 있어 보이는 우리 한국교회가 아니라 지금, 이 순간에도 절대 타협하지 않고 목숨 걸고 신앙을 지키고 있는 북한의 지하교회 성도들이 핵심적인 인물들 아닐까요?

중요한 건, 이름도 없고 빛도 없이 아무도 알아주지 않는다고 할지라도 하나님이 눈을 떼지 않고 주목하며 바라보는 성도라면 그 사람이야말로 부인할 수 없는 하나님 나라 역사의 주인공입니다. 어떤 직분이든, 직책이든 상관없이 위대한 현역 선교사들인 겁니다. 우리 운정교회 모든 성도가 1세기 구브로와 구레네 몇 사람들처럼, 이름은 남기지 않을지라도 하나님 나라 역사에 진한 흔적을 남기는 '파주와 운정의 거룩한 몇 사람'이 될 수 있기를 간절히 소망합니다.

유대인들이 가졌던 고정관념의 큰 장벽

오늘 본문 이야기에 다른 부제를 붙인다면, '장벽을 뛰어넘는 위대한 사람들의 이야기'라 할 수 있습니다. 이 장벽이라는 것은 지금까지 계속 말씀 나눈 바와 같이, 유대인에게만 복음을 전해야 한다는 고정관념의 장벽이었습니다.

그렇다면 그들은 왜 유대인에게만 복음을 전했을까요? 그 이유는, 그들은 유대인만 구원받을 수 있다고 믿어왔기 때문이지요. 그런 '선민의식'이 지배하고 있어서, 당연히 성경에서 말하는 구원은 유대인에게만 해당한다고 여겼던 겁니다.

하지만 성경은 처음부터 끝까지 일관되게 열방을 구원하는 이야기입니다. 창세기부터 계시록까지 모든 열방을 구원하는 선교 이야기가 성경입니다. 열방을 위해 한 민족을 택하신 이야기가 창세기 아닙니까? 열방 민족에게 하나님을 드러내신 사건이 출애굽 사건 아닙니까? 요나 선지자를 보내서 유대의 원수였던 앗수르를 구원하신 일 기억하십니까? 바울을 로마로 보내셔서 복음을 이방 세계에 확장하셨습니다. 계시록에는 이렇게 기록되어 있습니다.

모든 민족과 종족과 방언과 백성에게 전할 영원한 복음을 가졌더라 계 14:6

이스라엘 민족은 열방을 구원하기 위한 하나의 도구로 선택받은 것뿐입니다. 그런데 그들은 하나님을 독점하려고 했고, 그들의 선민의식을 강화하기 위해 율법을 이용했습니다. 지금 생각하면 말도 안 되는 거지만 그들에겐 당연한 고정관념이었습니다. 그런데 지금 안디옥에서 그 오래된 고정관념이 허물어지고 있는 겁니다. 그러니 하나님이 이걸 보시면서 흥분하시지 않으셨겠습니까?

고정관념이라는 장벽을 넘는다는 건 결코 쉬운 일이 아닙니다. 하지만 우리가 하나님의 뜻에 따라 과감하게 결단하고 말씀의 힘을 의지하여 뛰어넘는다면, 그 두꺼운 장벽 너머에 있는 '하나님의 흥분된 마음'을 만날 수 있지 않겠습니까?

우리가 하나님께로 가까이 나아가고, 하나님의 뜻을 이뤄 가는 데 있어 예나 지금이나 장벽들이 참 많이 있습니다. 가장 대표적인 것이 '소통의 장벽'입니다. 말이 안 통하는 거죠. 그래서 선교의 첫 번째 단계는 언어의 장벽을 넘을 준비를 하는 것입니다.

그런데 같은 한국말을 쓰는데도 말이 안 통하는 경우가 얼마나 많은지 모릅니다. 문화적인 차이, 감정적인 차이, 세대 차이가 가져오는 장벽들. 이런 장벽들이 소통을 막고 하나님의 선교를 방해합니다. 특히 청소년은 선교학에서 또 다른 '미전도 종족'이라 말합니다. 적극적으로 장벽을 넘어가야만 소통할 수 있는 새로운 종족(?)이기 때문이지요.

개인이 가진 장벽

전도뿐만 아니라 개인적인 신앙의 관점으로 볼 때도, 우리가 하나님의 자녀답게 살고자 할 때도 많은 장벽이 신앙의 성장을 가로막습니다.

지난주, 한 권사님과 말씀 나누었습니다. 그분에게는 오래된 지병이 있는데, 병이 심해지면 우울증도 심해지곤 했습니다. 그러면 이 권사님은 습관적으로 자신을 심하게 정죄합니다. 자신의 부족한 모습을 자책하면서 그런 자신을 하나님이 싫어하시고 징계하실 거라고 자신을 못살게 굽니다. 사도 바울은 로마서 8장에서 "누가 우리를 그리스도의 사랑에서 끊으리요. 환난이나 곤고나 박해나 기근이나 적신이나 위험이나 칼이랴. 어떤 피조물이라도 우리를 우리 주 그리스도 예수 안에 있는 하나님의 사랑에서 끊을 수 없으리라."라고 했습니다. 이 권사님에겐 하나님의 사랑을 가리는 '질병이라는 장벽'이 있는 것입니다.

또 다른 성도님은 최근에 일하던 곳에서 억울한 소송에 휘말리면서 너무 고통스러운 날들을 보냈습니다. 소송에서 승소는 했지만, 그 과정에서 믿는 지인에게 받은 상처 때문에 아주 괴로운 날들을 보내고 있었습니다. 인간관계에서 생긴 '상처와 분노라는 감정의 장벽'이

이 성도님의 신앙 성장을 방해하고 있었습니다.

이런 장벽들이 우리 믿음을 가로막으면, 신앙은 멈춰버립니다. 우리는 우리 안에 있는 장벽을 발견할 수 있어야 합니다. 오늘 말씀을 통해 우리 각자가 하나님과 친밀해짐에 있어 넘어서야 할 장벽은 무엇인지 생각해볼까요?

혹시 지금 우리 안에 있는 염려증과 불안증이 하나님의 말씀보다 더 크게 들리지는 않습니까? 열심히 섬긴다고 하지만, 결정적일 때에는 손해 보지 않으려는 이기적인 마음이 있긴 않습니까? 누군가와 깨어진 관계가 신앙의 문을 가로막고 있지는 않습니까? 나의 왜곡되고 편향된 생각이 성장을 가로막는 장벽이 되고 있긴 않습니까? 내 안에 있는 게으름이 믿음의 장벽이 되고 있지는 않습니까? 겉으론 아닌 척하면서 속으로는 딴생각하는 가식적인 태도가 믿음을 방해하고 있지는 않습니까? 나의 교만과 자존심이 성장을 막고 있지는 않나요? 우리가 우리 안에 있는 이러한 '보이지 않는 장벽들'을 바라보고 직시하고 발견할 줄 아는 영적인 안목이 열릴 수 있기를 간절히 바랍니다.

그런데 우리가 여기서 반드시 기억해야 할 사실은 그런 장벽들 너머에는 하나님의 기다림이 있고 하나님의 안타까워하시는 애틋한 마음이 있고 우리를 향한 눈물이 있다는 것입니다. 우리가 그 장벽을 넘어서기만 하면, 하나님이 주시기로 예비하신 치유와 회복이 기다리고 있다는 사실을 잊지 말아야 합니다.

교회 차원의 장벽

교회적인 관점에서는 어떨까요? 교회가 교회답고, 공동체가 공동체답게 가는 데도 방해가 참 많습니다. 따지고 보면 별일도 아닌 일로 상처받고 교회에 서운하고 섭섭한 마음이 들기도 합니다. 교회의 변화와 성장을 가로막는 장벽, 특히 우리가 진행하고 있는 교회 분립을 가로막는 장벽에는 어떤 것들이 있을까요?

오래된 고정관념이 있을 수 있습니다. 부정적인 고정관념이죠. 그렇지 않아도 교회가 많은데 굳이 분립해가며 또 교회를 세울 필요가 있느냐고 비판합니다. 언제부턴지 모르게 교회 개척은 백전백패한다는 패배 의식이 팽배해 있습니다. 힘든 건 사실이지만 그렇다고 포기할 일일까요? 또 분립하면 재정만 낭비하고 손해만 보는 일이라는 부정적인 생각도 있습니다. 그 밑에는 자기 이익을 먼저 챙기는 이기심의 장벽이 있습니다. 한편 '손해 보면서까지 분립교회를 전적으로 지원하고 끝까지 돌볼 수 있을까? 결정적일 때는 나 몰라라 팽개치지 않겠나?'라는 회의적인 생각도 장벽이 됩니다.

이런 부정적인 생각과 고정관념이 분립개척교회 세우는 일을 방해합니다. 그래서 더더욱 의도적으로 그런 부정적인 장벽을 넘어서는 용기와 결단, 단호한 실천이 필요합니다.

분립에 참여할 성도를 모집하는 3가지 원칙

우리 교회는 이제 분립개척 과정 가운데 가장 중요한 과정에 진입했습니다. 새로운 교회에 참여할 성도들을 모으고 구성하는 단계입니다. 분립교회에 참여하는 성도들을 모아서, 12월까지 교회 안에서 인큐베이팅하려고 합니다. '인큐베이팅' 들어보셨죠? 인큐베이터 속에서 아이가 안전하고 건강하게 자라는 것처럼, 해산하는 날까지 교회 안에서 안전하게 새로운 공동체를 형성하는 과정으로 이해하면 됩니다.

분립교회의 이름은, '거룩한빛예안교회'입니다. '예안'이라는 것은, '예수 안'에 거하는 공동체라는 의미입니다. 중요한 것은 이 예안교회 성도들을 어떻게 모집할 것인가? 어떤 원칙으로 공동체를 구성할 것인가입니다. 오늘 세 가지 원칙을 간단히 말씀드립니다.

자원함의 원칙

이 원칙은 성도들의 마음을 갈라지게 하는 장벽을 넘기 위한 원칙입니다. 철저하게 자원함의 원칙에 따릅니다. 사는 지역으로 나누지도 않고요. 교구로 나누지도 않습니다. 교구, 지역, 나이 상관없이 누구든지 원하시면 분립교회에 참여하실 수 있습니다. 성령님은 자원하는 마음을 통해서 역동적으로 일하십니다. 교회를 세우는데 자발성은 중요한 원칙이 됩니다.

앞으로 애매한 설득이나 권면은 서로 하지 않기로 합니다. 철저하게 각자 기도하면서 결정하십시오. 다른 사람이 대신 기도해 주지 마세요. 본인이, 가족이 함께 기도하면서 자유롭게 결정하시기를 바랍니다. 인간관계나 다른 힘에 의해서가 아니라 철저하게 성령이 주시는 마음으로 새 교회 공동체를 구성하는 것. 그것이 첫 번째 원칙입니다.

이제부터 한 달 동안, 나는 어떻게 분립에 참여할지 기도하시기를 바랍니다. 그리고 두 번에 걸쳐 참가 신청을 받겠습니다. 그 중간에 "가니 마니, 너는 왜 가니? 안 가니?" 이런 말들 없도록 서로 존중하면서 성숙하게 참여하시길 바랍니다.

적극성의 원칙

이것은 우리 안에 있는 소극적인 장벽, 부정적인 장벽을 넘기 위한 원칙입니다. 여러분 분명히 기억하십시오. 우리 교회 분립개척은 일부 성도만 참여하는 게 아닙니다. 모든 성도가 함께하는 분립개척입니다. 2년 전 분립에 대한 성도들의 의견을 듣고 수집했던 TF팀 〈미래 준비팀〉이 한 설문조사에 의하면, 우리 가운데 약 20%가 분립에 직접 참여하겠다고 하셨습니다. 지금 현장 예배 출석 인원의 20%면, 약 300명입니다. 더 참여한다고 하셔도 저는 받아들일 준비가 되어 있습니다. 그리고 74%가 간접적으로 참여하겠다고 하셨습니다. 최대한 많은 성도가 분립교회에 참여하는 것이 우리 모두의 소원이고 기쁨입니다. 장소는 5월 중에 정해질 텐데 우리 교회에서 멀지 않은 곳으로 할 계획입니다. 친정이 가까우면 좋은 것 아닙니까?

산모는 아이를 갖는 순간부터 '태교'를 하지 않습니까? 임신하면 엄마는 태교를 합니다. 아이를 위해서 가장 좋은 것을 보고 가장 좋은 생각을 하려 합니다. 안 읽던 시를 읽기도 하죠. 아이를 위해 몸에 나쁜 것은 먹지 않으려 합니다. 그중 최고의 태교는 기도 태교, 말씀 태교 아니겠습니까. 긍정적이고, 적극적인 마음을 가지고 물심양면으로 도울 생각을 가진다면 이 분립과정은 모두가 함께하는 기쁨의 축제가 될 줄 믿습니다.

한 가족성의 원칙

이 원칙은 분립 전후, 분열의 장벽을 넘기 위한 원칙입니다. 운정교회와 예안교회는 '하나 더하기 하나는 하나인 교회'입니다. 분립교회에 참여하시는 성도님들 교적은 예안교회가 완전히 독립할 때까지 공유할 겁니다. 대외적인 선교 활동과 긍휼 및 봉사 사역, 성지답사 등은 될 수 있는 대로 두 교회가 함께 할 계획입니다. 건강한 목양을 위해서 예배 공동체로 나누지만, 한 가족처럼 교류하는 캠퍼스 교회가 될 겁니다. 이 파주·운정 지역을 복음화 시키는 일에 늘 함께 고민하고 힘을 모으는 자매교회가 될 것입니다. 이렇게 우리는 한 가족 교회이니 흩어짐을 두려워하지 말자는 말씀입니다.

엄마가 아이를 잉태하게 되면, 엄마는 그때부터 참 불편해집니다. 해산의 날이 올 때까지 열 달 동안 정말 많은 희생과 수고가 따르지요. 그렇게 저와 여러분 우리 모두는 이제 운정에서 '거룩한 임산부'가 되었습니다. '거룩한 산모'가 될 수 있도록 좋은 생각을 하고 좋은 꿈을 꾸며 좋은 음식 먹고 좋은 음악 듣고 좋은 사람들 만나 아이에게 좋은 영향을 주도록 합시다. 무엇보다 말씀으로 채우고 기도로 태교하며 그렇게 '교회를 낳는 엄마 교회'가 되었으면 좋겠습니다.

그렇게 기쁨으로 분립의 여정을 함께 간다면, 우리 안에 있는 장벽들은 어느덧 허물어지고 누구도 경험해보지 못한 아름답고 멋진, 교회를 세우는 잔치가 우리 운정교회 가운데 펼쳐지게 될 줄 믿습니다.

축축한 기둥
따뜻한 덩굴원..
    ``
    모습..
    모양..
    빛깔..
사는 방법이
    달라도..
    서로
부둥켜 안아..
공생하기
    ````
2019.06.10

파주 지혜의 숲
뜰에서..

만리 벌레들과 함께
    ````

한 가족 되어
잔치하는 교회

사도행전 11:22~24

22 예루살렘 교회가 이 사람들의 소문을 듣고
바나바를 안디옥까지 보내니
23 그가 이르러 하나님의 은혜를 보고 기뻐하여 모든 사람에게
굳건한 마음으로 주와 함께 머물러 있으라 권하니
24 바나바는 착한 사람이요 성령과 믿음이 충만한 사람이라
이에 큰 무리가 주께 더하여지더라

안디옥에 바나바가 파송된 이유

안디옥교회에 이방인 교인들이 많아지면서 전에 볼 수 없던 새로운 영적 분위기가 충만해지기 시작했습니다. 유대인 교인들에게 이런 안디옥의 소문이 얼마나 이례적이고 충격적이었던지 금세 예루살렘에 전해졌습니다.

> 예루살렘 교회가 이 사람들의 소문을 듣고 바나바를 안디옥까지 보내니
>
> 행 11:22

안디옥의 소문을 들은 예루살렘교회는 사람을 급히 파견합니다. 뭔가 심상치 않은 영적인 변화를 느꼈기 때문입니다. 오늘 본문 바로 전에 있던 사건은 베드로가 이방인 고넬료 가족을 만나 회심시키고 이 사실을 예루살렘교회에서 설명하고 공증받는 이야기입니다. 안디옥의 소문이 들리기 직전, 이방인 고넬료 사건을 보며 예루살렘교회는 충격을 받고 있었습니다. '이방인에게 복음이 전해지는 현장에서 도대체 어떤 일들이 일어나고 있나? 이런 현상을 예루살렘교회가 얼마나 받아들일 수 있을 것인가?'를 두고 몹시 궁금해하던 차였습니다. 그래서 사람을 보내는데, 누굴 보냅니까? 바로 '바나바'라는 인물이었습니다. 지금 여기선 누굴 보냈는지가 왜 보냈는지보다 더 중요합니다.

사도행전은 크게 두 부분으로 나누는데 인물로 구분을 합니다. 베드로와 사도바울이죠. 1장부터 11장까지는 예루살렘교회를 대표하는 베드로가 중심인물이고 12장부터 28장까지는 사도 바울이 중심인물입니다. 이 두 인물 사이에 긴밀하게 연결고리 역할을 하는 인물이 있는데, 그가 바로 바나바입니다.

하나님은 예수 그리스도의 복음이 세계 방방곡곡으로 확장되는 이 역사적인 순간에, 바나바라는 인물을 사용하여 예루살렘교회의 '정통성' 위에 안디옥교회라는 '선교적 교회'의 기초를 세우셨습니다. 바나바는 베드로나 바울보다 조금 덜 유명한 성경 속 인물이라 생각할 수도 있지만 달리 보면, 초대교회를 대표하는 가장 중심적인 인물이라 해도 과언이 아닙니다.

> 바나바는 착한 사람이요 성령과 믿음이 충만한 사람이라 이에 큰 무리가 주께 더하여지더라 행 11:24

이 본문도 그러합니다. 역사적인 서술을 하다가 갑자기 바나바라는 인물을 소개합니다. 매우 독특하고 의미 있는 기술 방식입니다. 두 교회는 지역도 다르고 성도들의 출신 성분도 다르고 도시의 역사도, 문화적인 배경도 완전히 달랐습니다. 공통점을 찾기 힘든 두 교회였지만, 이 두 교회가 예수 그리스도 안에서 '한 가족 교회다.'라는 사실을 인증하는 증인으로, 바나바가 등장하고 있는 것입니다. 바나바가 처음 등장한 것은 4장 예루살렘교회에서 믿는 무리가 한마음과 한뜻이 되어 모든 물건을 서로 통용하는 부분에서 였습니다.

> 구브로에서 난 레위족 사람이 있으니 이름은 요셉이라 사도들이 일컬어 바나바라 [번역하면 위로의 아들이라]하니 그가 밭이 있으매 팔아 그 값을 가지고 사도들의 발 앞에 두니라 행 4:36

바나바는 구브로 출신의 레위인이었습니다. 본명은 요셉이고 별명이 바나바입니다. 위로자라는 뜻이지요. 그가 사람들에게 끼친 사랑과 위로의 영향력이 얼마나 컸으면 본명 대신 위로자라는 별명으로 불리는 사람이 되었을까요? 그는 말로만 위로한 것이 아니라 실제 삶으로 모범을 보입니다. 자기 밭을 팔아 성도들의 필요를 채워줍니다. 바나바로 대표되는 이런 초대교회 성도들의 모습은 사도행전 2장에서 좀 더 구체적으로 설명되고 있습니다.

> 믿는 사람이 다 함께 있어 모든 물건을 서로 통용하고 또 재산과 소유를 팔아 각 사람의 필요를 따라 나눠 주며 날마다 마음을 같이하여 성전에 모이기를 힘쓰고 집에서 떡을 떼며 기쁨과 순전한 마음으로 음식을 먹고 행 2:44~46

초대교회에서는 다 함께 모여 예배하고 먹고 서로 삶의 필요를 채워줍니다. 전에는 볼 수 없던 영적인 유대감이 형성되고 피붙이보다 더 가까운, 새로운 '영적 가족 공동체'가 형성됩니다.

예루살렘의 정통성 위에 선교적 교회로 세워진 안디옥교회

안디옥교회가 바나바라는 인물로 시작한다는 건 굉장히 의미 있는 일입니다. 왜냐하면 바나바는 흩어진 교회 공동체들이 몸은 떨어져 있을지라도, '영적인 가족성'을 공유한다는 사실을 입증하는 인물이기 때문입니다. 저는 개인적으로 바나바라는 인물을 전부터 좋아하기도 했지만, 이번 설교를 준비하면서 다시 한번 소망이 생겼습니다. 바나바처럼 쓰임 받는 사람이 되고 싶다는 소망 말이죠.

강력한 카리스마로 "나를 따르라."라고 하며 사람들 앞에 드러나는 사람보다는, 가는 곳마다 공동체가 살아나고 만나는 사람마다 힘을 얻고 분열되었던 곳에 평화를 가져오며 함께 있으면 행복해지고 모두가 화합하고 연합하여 한 가족임을 누릴 수 있게 하는 사람, 공동체를 살리고 세우는 사람, 그런 지도자가 되는 소망 말입니다. 어쩌면 공동체가 힘을 잃어가는 이때 바나바와 같은 사람이 더 많이 필요한 건 아닐까, 생각합니다.

바나바의 방문으로 안디옥교회는 본격적으로 세워집니다. 예루살
렘교회가 유대인 기반으로 예전적인 전통 속에서 유지되었다면, 안
디옥교회는 다양한 문화를 배경으로 이방인 선교의 역할을 적극적으
로 감당하게 됩니다. 선교학에서는 '구심적 선교'와 '원심적 선교'라
는 말을 합니다. 마치 돌멩이를 줄에 매어서 돌리면 밖으로 나가려는
원심력과 잡아당기는 구심력이 맞서면서 팽팽하게 돌듯, 하나님이 하
시는 선교는 밖으로 나가는 원심적 선교와 안으로 끌어당기는 구심
적 선교가 팽팽하게 균형과 조화를 이루면서 이뤄지는 특징이 있다
는 뜻입니다. 성경에는 창세기부터 계시록까지 끊임없이 이런 두 종
류의 선교가 진행됐는데, 특히 사도행전에 등장한 두 교회가 이런 조
화로운 선교의 전형을 보여준다고 할 수 있습니다.

전 세계의 교회는 정말 다양합니다. 할 수 있는 것도 다르고, 해야
할 역할도 다 다릅니다. 다 같을 수도 없고 같을 필요도 없습니다. 오
히려 다르므로 서로 채워가면서 하나님 나라를 더욱 멋지게 세울 수
있게 됩니다. 다만, 모습과 모양은 달라도 동질의 교회가 될 수 있는
단 하나의 이유는, 예수 그리스도 안에서 새 생명을 얻은 하나님의 자
녀라는 DNA 때문입니다. 너무나도 당연한 이야기이지만, 우리가 교
회의 하나 됨을 이해할 때, 다른 데에서 하나 됨의 이유를 찾아서는
안 됩니다. 바나바가 가졌던 위대한 영적 안목이 바로 이겁니다.

바나바가 목격한 안디옥에 임한 은혜

바나바가 안디옥에 이르러 그들을 보고 기뻐한 이유가 뭡니까? 그들 안에 있는 '하나님의 은혜'를 보았기 때문입니다. 어떤 은혜의 모습을 보았단 말일까요? 자세히 설명은 하지 않지만, 베드로가 고넬료 일가와 이야기하던 중 성령이 임했고 이에 세례를 주었던 사실을 예루살렘에 가서 이야기했을 때, 예루살렘교회 사람들이 보였던 반응을 떠올린다면 바나바가 본 '하나님의 은혜'가 무엇인지 충분히 짐작할 수 있습니다.

> 그런즉 하나님이 우리가 주 예수 그리스도를 믿을 때에 주신 것과 같은 선물을 그들에게도 주셨으니 내가 누구이기에 하나님을 능히 막겠느냐 하더라 그들이 이 말을 듣고 잠잠하여 하나님께 영광을 돌려 이르되 그러면 하나님께서 이방인에게도 생명 얻는 회개를 주셨도다 하니라 행 11:17~18

베드로는 고넬료에게 임한 성령을 목격했습니다. 그의 가족에게 세례를 주고 예루살렘에 돌아오니 "왜 무할례자들과 식사를 같이 했느냐?"라고 비난하는 사람들이 있었습니다. 이에 그는 하나님이 보자기 같은 그릇에 담긴 부정한 동물들을 보여주시며 세 번이나 먹으라 하셨던 것부터 고넬료가 자기를 데리러 사람을 보낸 이야기, 그리고 그 가족에게 예수님의 이야기를 전하는데 성령이 임하던 순간 등 그

동안의 일을 다 이야기합니다. 그리곤 "하나님이 우리에게 주신 선물을 그들에게도 주셨으니 내가 누구이기에 하나님을 능히 막겠느냐?"고 오히려 반문합니다. 그러자 베드로를 비난하던 사람들이 "하나님께서 이방인에게도 생명 얻는 회개를 주셨도다"라고 인정하게 되지요.

이런 회개의 역사는 성령이 아니고선 불가능합니다. 성령이 영적인 눈을 열면 참 하나님을 모르고 살던 자신의 옛 모습을 보게 하니 회개의 역사가 일어납니다. 이제 그들은 복음이 가져온 새로운 삶을 자발적으로 살아내기 시작합니다. 예전에 살던 이방인의 삶의 방식과는 완전히 다른 삶을 살아내는 것입니다. 바나바는 그것을 보았던 것입니다. 이것은 예수 그리스도 십자가의 능력으로만, 그 안에서만 경험할 수 있는 하나님의 은혜였던 것입니다. 그리고 그들 가운데 임한 하나님의 은혜를 보니, 바나바는 그들도 영적인 한 가족이라는 사실을 의심할 수 없이 확신했던 겁니다.

모든 장벽을 뛰어 넘게 하는 열쇠, '예수 안에서'

혹시 문화도 상황도 처지도 완전히 다른 낯선 크리스천을 만나본 적 있으신가요? 저는 예전에 종종 각국에서 온 다양한 인종의 선교사들을 만나보았습니다. 참 신기한 것은 전혀 다른 문화와 언어와 풍습 속에 살던 사람인데도 이야기를 나누다 보면, 예수 안에서 모든 장벽을 뛰어넘는 너무나도 확실한 동질감을 느낄 수 있었다는 점입니다. 그 사람이 고백하는 하나님을 보면 시대와 장소와 나이와 풍습과 상관없이 우리의 고백과 너무나도 똑같은 것입니다. 전혀 이질감이 없어요. 그래서 사도 바울은 이런 표현을 했지요.

> 은사는 여러 가지나 성령은 같고 직분은 여러 가지나 주는 같으며 또 사역은 여러 가지나 모든 것을 모든 사람 가운데서 이루시는 하나님은 같으니
>
> 고전 12:4~6

바나바는 오늘 안디옥의 성도들에게 임한 하나님의 은혜를 보면서 영적으로 한 가족임을 느꼈습니다. 그리고 가족처럼 섬기기 시작합니다. 전혀 낯선 곳에서 '영적인 가족'을 만난 바나바는 정말 기뻤던 것입니다. 이것이 진짜 성도들의 기쁨 아니겠습니까?

우리 운정교회 공동체는 어떻습니까? 서로 영적으로 결을 같이 하는 한 가족이라는 동질감을 얼마나 느끼고 계시는지요? 혹시 함께 예배는 드리지만 봐도 그만, 안 봐도 그만인 타인처럼 그렇게 여기고 있지는 않습니까? 하나님의 은혜를 경험한 다른 성도의 이야기가 여러분의 신앙에 어떤 영향을 미치고 있습니까? 서로의 믿음이 연결되어

있습니까? 하나님께서 영적인 가족 공동체인 운정교회로 보내주셔서 믿음으로 소통하게 하신 은혜를 누리고 계십니까? 하나님을 기쁘시게 하는 것은 멀리 있지 않습니다. 하나님이 하나로 묶어주신 가족 공동체를 아끼고 존중하며 사랑하는 것이 주님을 가장 기쁘시게 하는 일일 줄 믿습니다.

바나바는 이제 그들에게 사랑으로 권면합니다.

그가 이르러 하나님의 은혜를 보고 기뻐하여 모든 사람에게 굳건한 마음으로 주와 함께 머물러 있으라 권하니 행 11:23

바나바는 새롭게 태어나는 이방인 성도들을 보면서 너무 기뻤지만 동시에 이제 막 예수를 믿기 시작한 그들에게 안정적인 공동체가 필요하다고 생각했습니다. 영적으로 성장하려고 할 때, 사탄의 방해도 더 크게 찾아오기 때문에 안정적인 영적 환경은 아주 중요합니다. 그래서 바나바는 "주와 함께 머물러 있으라."라고 강력하게 권면합니다. 이 구절에 쓰인 '머물다'라는 단어는 요한복음 15장에서 예수님께서 "내 안에 거하라."라고 하실 때 쓰셨던 단어입니다. 직역하면 '딱 달라붙어 있다'라는 의미입니다. '주와 함께'라는 말은, '주의 말씀이 있는 곳, 말씀공동체'라 이해할 수 있겠습니다. 즉 '주와 함께 머물러 있으라'라는 말은, 하나님의 말씀이 선포되는 공동체, 말씀이 살아있는 공동체, 영적인 가족 공동체에서 떨어지지 말고 딱 달라붙어 있으라는 말입니다.

영적인 가족 공동체에 머물러야 할 근본적인 이유

바나바는 왜 그렇게 주의 말씀이 있는 곳에 딱 달라붙어 있으라 했을까요? 우리가 영적인 가족 공동체 안에 머물러야 할 이유는 무엇일까요?

혼자 하는 신앙생활은 건강할 수 없고 성장할 수 없다

우리 하나님은 크고 광대하고 다양하고 역동적인 하나님이십니다. 그런데 혼자 믿으면 내가 경험한 그만큼의 하나님만 알고 편협하게 배타적으로 믿기 쉽습니다. 공동체 없이 혼자 신앙생활을 하면, 열심일수록 오히려 치우치기 쉽습니다. 우리의 신앙은 공동체 안에서 계속 점검받고 조율되어야 합니다.

사탄은 또한 믿는 자를 가만 놔두지 않습니다. 영적인 성장이 일어나려 할 때일수록 공격이 세집니다. 혼자서는 믿음을 유지하기 힘듭니다. 그리고 공동체가 없으면 예배부터 무너집니다. 기도 생활도 다른 사람이나 공동체를 중보하기 보다 자기중심적이 되기 쉽고요. 그렇게 가다가 신앙생활이 해도 되고 안 해도 되는, 하나의 옵션이 되는 건 한순간입니다. 공동체 안에서의 거룩한 매임은, 나를 살리는 영적인 매듭임을 기억해야 합니다.

공동체에 속해야만 예수님을 온전히 닮아갈 수 있다
신앙은 예수님을 닮아가는 여정입니다. 여러 관계 속에서 예수님의 사랑을 실천하고 훈련하는 과정입니다. 교회는 예수를 닮아가는 훈련소입니다. 특히 교회는 예수 그리스도의 십자가 사랑을 함께 배우고 훈련하는 곳입니다.

우리는 예수 믿고 구원받은 일은 감사하지만 정작 예수님께서 우리를 사랑하신 그 십자가 사랑, 희생하며 대신 죽으신 완전한 사랑을 닮아가는 일, 사랑을 배우는 일에는 관심이 별로 없습니다. 그런 사랑은 너무 이상적이고 불가능하다고 지레 겁먹고 포기해 버리죠. 배우지도 않고 실천하지도 않을 뿐만 아니라, 따라 해 볼 시도조차 하지 않습니다. 그러면서도 신앙생활을 잘하고 있다고 착각합니다. 여러분 예수를 잘 믿는다는 게 뭡니까? 힘들어도, 잘 안 돼도 예수님 닮아가려고 힘쓰고 십자가의 사랑을 닮아가는 것 아니겠습니까? 교회는 예수께서 보여주신 십자가의 그 사랑을 함께 배우는 훈련소입니다.

교회가 한 가족 공동체라는 의미도 바로 여기에 있습니다. 가족은 사랑을 배워가는 공동체입니다. 기억할 것은 사랑하기 때문에 가족이 아니라, 가족이기 때문에 사랑하는 법을 배워가는 것입니다. 가족은 어른과 아이가 함께 살아갑니다. 90세 되신 할아버지도 있고 갓 태어난 손녀도 있지요. 믿음의 어른도 있고 이제 막 태어난 갓난아이 같은 믿음을 가진 사람도 있습니다. 가족이니까 가르치고, 때론 따끔하게 혼내주기도 하며 때로는 기약 없이 기다려주기도 합니다. 그러면서 서로 인격적으로 자라고 성장하는 거지요.

교회 안에는 성숙한 사람과 미성숙한 사람이 늘 함께합니다. 믿음의 어른도 있고 영적인 아이들도 많아요. 성숙한 성도는 자기들끼리만 모이고 뭉치는 게 아니라, 가족 같은 공동체를 이루어가기 위해 믿음이 어린 자들을 사랑으로 돌봐주고 채워주면서 함께 성장해갑니다. 교회에서 그런 사랑을 배우지 않으면 어디에서 배우겠습니까? 이것이 우리가 믿음의 공동체에 딱 달라붙어 있어야 하는 이유입니다.

안디옥교회가 보여주는 모습도 그렇습니다. 비록 영적인 황무지와 같은 세상 속에 살지라도 그들이 끝까지 믿음을 포기하지 않고 오히려 역동적으로 교회를 세워갈 수 있었던 것은 그들에게는 함께 죽고 함께 사는 '영적인 가족 공동체'가 있었기 때문이었습니다. 우리 교회가 분립개척이라는 낯선 길을 가기로 하고 두렵고 떨리지만 그래도 가열차게 갈 수 있는 이유도, 우리가 한 가족이라는 생각으로 격려하고 지지하고 함께 기도하고 있기 때문 아니겠습니까?

분립은 재정으로 하는 게 아니라 스피릿으로!

저에겐 누님이 두 분 계십니다. 첫째 매형도 목사인데요. 시골교회를 섬기는 누님 댁에 오랜만에 가면 왠지 낯익은 물건들이 있는 것입니다. 언제부턴지 우리 집에서 종적을 감춘 것들이 그 집에 있어요. 아버지가 쓰시던 건데, 어떤 건 말하고 가져가고 어떤 건 말없이 가져가고 그렇게 하나, 둘 가져갔던 것들이죠. 시골교회를 섬기면서 얼마나 힘들면 그럴까 싶어 부모님은 다 알면서도 모른 척하셨습니다. 언제부턴가는 뭘 살 때 그 집 것도 함께 장만하시더라고요. 그것이 가족의 마음 아니겠습니까? 가족이기에 각자의 소유됨을 주장하지 않고 공유할 수 있는 여유 말입니다. 우리의 신앙은 공동체 안에서 계속 점검받고 조율되어야 합니다. 더 챙겨주고자 하는 부모의 마음과 빚진 은혜를 갚으려는 자식의 마음이 소중하고 아름다운 것 아니겠습니까?

우리 운정교회가 여러분에게 그런 영적인 가족 공동체가 되면 좋겠습니다. 지금보다 조금 더 가족 같은 친밀함, 편안함, 유대감으로 함께 성장하는 교회가 되면 좋겠습니다. 아울러 우리가 하는 분립개척이 한 가족으로서 함께 감당하는 일이 되면 좋겠습니다. 한 가족이니까 기꺼이 조건 없이 나누고 조건 없이 지지해주면서 서로의 부족함을 채우자는 것입니다.

사도행전 11장 29절을 보면 예루살렘교회와 안디옥교회의 전세가 역전됩니다. 누가 누굴 도와줍니까? 안디옥이 예루살렘에 부조금을 보내 도와줍니다. 이제 분립에 있어 재정에 관해 말씀드리며 마치려 합니다.

예안교회 분립에 대한 전체 예산은 10억 원으로 결정했습니다. 분립 자금은 운정교회 예산이 0원이었던 첫해 첫 달부터 적립금으로 모으기 시작했습니다. 올해까지 4년간, 7억 9천만 원을 모았습니다. 올해 안에 9억 원을 분립교회가 사용하도록 집행하고 1억 원은 2년간 담임목사 사례금으로 드릴 것입니다. 많다면 많고 적다면 적은 금액입니다.

중요한 건 분립은 재정으로 하는 게 아니라, 하나님 나라의 사명과 개척 정신(스피릿)으로 하는 것이라는 겁니다. 지금까지 운정교회가 세워지는 동시에 예안교회도 함께 세워져 왔습니다. 그래서 운정교회 분립이 의미가 있습니다. 진심으로 부탁드립니다. 분립 예산이 많다고 또 적다고 절대로 남의 일 말하듯이 하지 마십시오. 지금까지 필요한 만큼 채워주셨고 또한 앞으로도 필요한 만큼 다 채워주실 줄 믿습니다. 그러니 많고 적고는 우리가 걱정할 일이 아닙니다.

가장 중요한 건, 이 분립이 우리 모두에게 남의 일이 아니라, 내 가족의 일이라는 점입니다. 한 가족이 된 마음으로 분립에 참여할 때 교회를 낳는 교회가 되는 놀라운 기쁨을 누리게 될 줄 믿습니다. 저는 예안교회, 풀향기교회 등 자매교회들이 우리 운정교회 만큼이나 아니더 든든한 교회가 되어서 우리 교회의 부족한 것을 채워줄 줄 믿습니다. 서로 사심 없이 주고받고 채워주는 모습, 가족이니까 그럴 수 있는 것이지요. 운정교회에서 한 가족 되게 하신 주님께 감사하며, 가족처럼 더욱 친밀하게 사랑하고 또, 가족처럼 마음을 같이하여 분립에 참여하는 우리들 되기를 바랍니다.

4장 ||||||||||||||||||||||

사람을 세우며
잔치하는 교회

사도행전 11:25~26

25 바나바가 사울을 찾으러 다소에 가서
26 만나매 안디옥에 데리고 와서 둘이 교회에 일 년간 모여
있어 큰 무리를 가르쳤고 제자들이 안디옥에서 비로소
그리스도인이라 일컬음을 받게 되었더라

'예수 안에서 변화되지 못할 인간은 한 사람도 없다!'

우리는 지금 2,000년 전의 안디옥교회를 여행하고 있습니다. 시대도 다르고 문화도 다르고 역사도, 배경도, 언어도, 환경도 뭐 하나 같지 않은 2,000년 전의 교회에서 도대체 무엇을 배울 수 있기에 이렇게 연구하는 걸까요?

안디옥교회는 모름지기 한계를 뛰어넘는 교회였습니다. 예루살렘교회가 지역적, 민족적 한계를 가진 교회였다면, 안디옥교회는 어떤 것으로도 제한될 수 없는 복음의 역동성을 지닌 교회였던 거죠. 그런 역동적인 변화는 교회 전 영역에서 일어났습니다. 교회의 제도가 바뀌고 문화가 바뀌었습니다. 기존에는 성전 중심의 예배였다면 점점 가정교회 형태로 바뀌었어요. 그러니 자연스럽게 장소도, 시간도, 활동 내용도, 예배 형태도, 성도들의 대사회적인 태도나 역할도 변화되었습니다. 이것이 안디옥교회가 가지고 있었던 역동성이었습니다.

그런 수많은 변화 가운데 무엇보다 가장 근본이 되는 핵심적인 변화는 '사람들의 변화'였습니다. 안디옥교회 성도들 안에 있었던 변화의 모습을 살펴보면서 믿음이 정체된 분들이 있다면, 신앙의 열정이 식어 무미건조한 신앙생활을 하는 분들이 있다면 영적인 변화와 성장에 대한 기대가 다시 회복되길 바랍니다.

회심, 안디옥교회의 역동적인 발화점

안디옥에서 일어났던 사람들의 변화에는 크게 두 가지 특징이 있는데, 그 첫 번째는 '회심'이었습니다. 안디옥에서 이방인이 구원받는 일이 생겼다는 건, 한 가지 분명한 사실을 말해줍니다. 그것은 한마디로 '예수 안에서 변화되지 못할 인간은 한 사람도 없다!', '하나님 나라 백성으로 부름을 받지 못하고 제외된 자는 세상에 아무도 없다!'라는 사실입니다. 유대인으로 오신 예수님을 세상의 구원자로 보는 것이니까요.

우리가 포기하지 않는다면 하나님은 우리를 통해 일하시기를 절대 포기하지 않으시고 또한, 그 누구도 포기하지 않으신다는 말입니다. 누구든지 어떻게든 끝까지 찾아가 변화시키길 원하신다는 말입니다. 그렇게 하나님이 끊임없이 하시는 일이 바로 '회심'입니다.

주의 손이 그들과 함께 하시매 수많은 사람들이 믿고 주께 돌아오더라 행 11:21

여기서 돌아오더라는 단어는 헬라어로 에피스트레포(ἐπιστρέφω)입니다. '돌아오다. 회개하다. 회심(回心)하다'는 뜻입니다. 회심(回心)은 세상을 향하던 삶의 방향과 목적을 다시 주께로 돌이키는 것입니다. 그렇습니다. 안디옥 공동체의 역동적인 변화의 발화점은 다름 아닌

이 '회심'에 있었습니다. 마치 성냥에 불이 확 붙는 순간, 엄마 뱃속에서 또 다른 심장 소리가 들리는 순간, 죽은 가지처럼 앙상한 가지에서 새순이 비집고 나오는 바로 그 순간 같은 것이죠. 회심은 그런 '영적인 발화점'입니다.

얼마 전에 목사님들과 워크숍을 다녀왔는데 그때 '불멍'을 했습니다. 불멍은 불을 멍하니 바라보는 것인데, 정보가 넘쳐나고 스피디한 세상에서 아무 생각이 없이 불을 바라보며 뇌를 휴식시켜주는 것입니다. 캠핑할 때 불멍을 하려면 장작이 준비되어 있어도 성냥이든, 라이터든 발화시킬 불이 없으면 아무것도 못 합니다. 마찬가지로 어둠에 빠져있던 한 인생이 광명의 삶으로 변화될 수 있는 것도 '주께로 마음을 돌이키는' 이 회심의 순간을 통해 가능해집니다.

하나님을 믿으면서도 뭔가 속이 시원하지 않고 답답하고, 하나님의 자녀라 하면서도 여전히 삶의 문제에 눌려 자유롭지 못하다면 "내 삶의 주인은 내가 아니라 예수님입니다. 예수님! 내 인생을 운전해 주세요."라는 회심의 순간이 있었는지 점검해 보시기 바랍니다. 그 고백부터 다시 시작해 보는 겁니다.

바나바가 바울을 데려온 이유, 사울의 회심

세상의 교회가 역동적으로 변화될 수 있는 이유도 이 '회심'에 있습니다. 예수 믿고 변화된 회심자들의 이야기로 가득 찬 교회가 진짜 복음이 살아 숨 쉬는 역동적인 교회 아니겠습니까? 바나바가 사울을 데려와 함께 사역한 것도 '회심'과 무관하지 않습니다.

바나바가 사울을 찾으러 다소에 가서 행 11:25

안디옥의 부흥을 본 바나바는 곧바로 다소로 가서, 약 10년 동안 칩거 중인 사울을 데려옵니다. 사울이 누굽니까? 이름만 들어도 싫은 사람입니다. 극적으로 예수님을 만나서 회심했다지만 그의 회심을 믿기는 쉽지 않았습니다. 유대 전통과 율법과 또 헬라 문화에 능통했던 사울은 그런 뛰어난 학식과 신분의 힘으로 예수 믿는 자들을 잡는데 열심이 특심이었고 복음을 멸시했던 사람입니다. 주변에서 그의 회심을 믿지 못한 건 어쩌면 너무나도 당연한 일이었을 것입니다.

그런데 그런 사울을 바나바는 동역하기 위해 믿고 데려옵니다. 바나바 아니면 할 수 없는 일이었습니다. 바나바는 바울을 기독교 역사에 데뷔시킵니다. 왜 그랬을까요? 단지 바나바가 마음이 넓어서 그랬을까요? 여러 이유가 있었겠지만, 회심의 관점에서 보면 바나바는

'회심자를 통해서 회심하는 교회'를 세운 것입니다. 아닌 게 아니라, 이방인을 회심케 하는 새로운 교회를 세우는데 있어서, 극적으로 회심한 사울만한 사람이 어디 있겠습니까?

그렇습니다. 사실 '우리 각자의 회심 이야기'가 가장 강력한 이야기입니다. 사람이 쉽게 변합니까? 쉽게 변하지 않습니다. 그런데 예수 믿더니 변화되었다면 그렇다면 그 변화 이야기에는 위대한 힘이 있는 겁니다. 전도를 어렵게 생각하는 데 그럴 필요 없습니다. 여러분이 예수님을 만난 이야기, 예수 믿고 변화된 이야기를 해주는 것, 그것이 진짜 전도입니다. 그리고 결과는 주님께 맡기는 거죠.

내가 예수 믿고 행복하면 그 행복이 자연스럽게 전해집니다. 반대로 내가 예수 믿는 모습이 좋아 보이지 않는다면 전도가 안 되겠지요. 전도의 핵심은 방법론이 아닙니다. 나의 회심 이야기가 하나님이 나에게 주신 '나만의 전도지'입니다. 사도행전을 보면 바울은 전도 여행을 하면서 결정적일 때마다 자신의 회심 이야기를 합니다. 다메섹에서 예수님을 만난 이야기가 9장, 22장, 26장에 걸쳐 세 번이나 등장합니다.

"절대로 변화될 수 없었던 내가 교회에 앉아있는 것이 가장 큰 기적이고 하나님이 살아계신 증거입니다."

"여전히 부족하고 연약하지만, 예수로 내 마음이 변화되어 힘들어도 주 안에서 행복하게 살고 있습니다."

저는 우리 교회가 이런 변화된 인생 이야기가 넘치는 교회가 되면 좋겠습니다. 다른 어떤 것보다 예수님 만나 변화된 삶의 이야기가 많으면 좋겠습니다. 큰 숲을 자랑하는 교회가 아니라 생명의 싹을 계속 틔워내는 영적인 모판과 같은 교회가 되면 좋겠습니다. 우리가 함께 이런 교회를 만들어가길 간절히 소망합니다.

불신자만이 아니라 성도들도 회심이 필요하다

회심을 생각할 때 또 한 가지 기억할 것은 회심은 불신자들에게만 해당하는 게 아니라는 점입니다. 하나님의 자녀들도 계속해서 회심해야 합니다. 예수를 믿는 우리도 복음의 본질과 믿음의 방향을 잃어버릴 때가 참 많습니다. 구원이란 한 번 회심했다고 보장되는, 마치 비싼 돈 주고 한 번 사면 영원히 소유할 수 있는 천국행 티켓이 아닙니다. 하나님의 다스림 안에서 매일 매일 살아가는 것이 구원받은 삶입니다.

그런데 문제는, 여러 이유들로 인해 우리는 복음을 쉽게 잃어버립니다. 마태복음의 씨 뿌리는 비유를 보면 씨앗의 3/4이 먹히거나 말라서 죽습니다. 1/4만 자라서 열매를 맺는데 이건 굉장히 의미 있는 관점입니다. 우리 믿음의 현실이 그렇다는 말입니다. 지금 우린 하나님의 자녀로 살지만, 불완전한 세상에서 살아가기 때문에 그렇다는 겁니다.

우리는 다 양 같아서 그릇 행하여 각기 제 길로 갔거늘 사 53:6

우린 여전히 세상의 온갖 죄의 영향력 안에 살고 있습니다. 우린 조금만 힘들면, 기분이 상하면 제멋대로 가려는 본성이 있습니다. 잘 가다가도 넘어지고 안 내키면 딴 길로 가버리죠. 시험, 염려, 유혹이 찾아올 때 잘 가던 신앙이 멈춰서는 경우가 얼마나 많습니까? 이렇게 마음의 방향을 잃을 때 필요한 것이, 바로 '회심'입니다. 틀어지고 있는 마음의 방향을 철저하게 점검하고 다시 주께로 돌이키는 것, 이것이 성도의 회심입니다. 그래서 지금 우리 모두에게도 해당하는 거죠.

바나바는 그런 이유로 안디옥교회 성도들에게 '딱 달라붙어 있으라!'라고 권면합니다. 말씀의 은혜에서 떨어지지 않도록 믿음의 공동체가 성도들에게는 꼭 필요하다는 이야기입니다. 우리 운정교회가 이러한 회심이 날마다 일어나는 교회가 되길 간절히 바랍니다. 예수를 모르던 분들은 예수님을 인격적으로 만나는 '회심'이, 구원의 감격을 잃은 성도들에게는 영적인 생동감이 다시 회복되는 '회심'이 일어나길 바랍니다.

안디옥에는 성숙한 성도들이 많았다

안디옥 성도들의 변화, 두 번째 키워드는 '성장'입니다.

> 바나바가 사울을 찾으러 다소에 가서 만나매 안디옥에 데리고 와서 둘이 교회에 일 년간 모여 있어 큰 무리를 가르쳤고 제자들이 안디옥에서 비로소 그리스도인이라 일컬음을 받게 되었더라 행 11:25~26

여기서 말하는 성장은 단순히 규모가 커진 걸 말하는 게 아닙니다. 물론 숫자상으로 성장했겠지만, 더 근본적으로는 성도들 각자가 성숙한 성도들로 성장한 걸 말합니다. 우리는 그들의 성장하는 모습에서 세 가지 특징을 발견할 수 있습니다.

예수를 닮아가려는 공통된 목적

무얼 보면 알 수 있나요? 1년간 큰 무리를 가르쳤는데 그 결과가 뭡니까? 안디옥 성도들이 비로소 '그리스도인'이라는 호칭을 처음 얻게 되었다는 겁니다. 그것도 주변의 믿지 않는 사람들로부터요. 그들이 보기에 안디옥교회 성도들이 다른 사람들과 뭔가 다른데 그 공통점이 예수 그리스도를 믿는 것이었다는 겁니다. 나이, 출신, 학식, 성격, 신분은 다 다르지만 예수 그리스도를 닮아가는 사람들이었다는 것입니다. 그들은 목적이 분명했고, 모두가 그 일에 집중했습니다. '예수님의 제자가 되는 것' 안디옥교회는 모든 성도가 예수 닮은 성숙한 제자가 되고자 하는 목적이 분명한 교회였습니다. 교회가 하는 일이 여러 가지일 수는 있지만, 절대로 포기해서는 안 되는 근본적인 사역은 바로 제자훈련 사역입니다.

성숙한 제자로 성장할 수 있는 훈련과정

바나바와 사울 두 사람은 안디옥에서 1년간 사람 세우는 일에 전념합니다. 갓 태어난 아기를 돌보지 않고 놔두면 죽습니다. 젖을 먹고 안전하게 보호받고, 자립할 때까지 바르게 양육 받고, 성장해야 하는 것처럼 믿음도 배우고 자라야 합니다. 예수 믿고 회심했다고 자동으로 신앙이 성숙해지지 않습니다.

그런데 너무 많이 오해합니다! 영적인 성장 과정을 너무 쉽게 무시합니다. 예수 믿었으니 구원받았다. 그럼 됐다. 성장에는 별 관심이 없습니다. 잘못하면, 영적인 키덜트가 됩니다. 어른인데 아이처럼 어린 거죠. 예수 믿은 지는 오래됐는데 아는 건 없고 점점 고집만 세집니다. 직분은 안수집사이고 권사인데 공동체 안에서 관계 해결 능력은 없습니다.

혹시 이미 많은 훈련을 받아서 더 이상의 훈련은 필요 없다고 생각하십니까? 주님이 웃으십니다. 기억하십시오. 성숙한 제자가 되는 훈련은 끝이 없습니다. 좀 더 성숙하기 위해, 좀 더 예수 닮기 위해 겸손하게 계속 배우고 훈련하십시오! 언제까지요? 예수님 만날 때까지요! 예수님 만날 때 우리의 믿음은 완성됩니다. 건강한 신앙은 회심으로 끝나는 신앙이 절대로 아닙니다.

그래서 건강한 교회라면, 초신자이든 기신자이든, 모든 성도는 제자 성장 과정 어딘가에서 있어야 합니다. 훈련받거나 훈련을 도우면서 말이죠. 우리 교회도, 그래서 '영적인 뿌리 과정', '영적인 열매 과정'이라는 이름으로 제자훈련 과정을 진행하고 있습니다.

성숙한 제자들이 많은 교회

안디옥 교회에 선지자들과 교사들이 있으니 곧 바나바와 니게르라 하는 시므온과 구레네 사람 루기오와 분봉 왕 헤롯의 젖동생 마나엔과 및 사울이라 행 13:1

이 구절을 보면, 안디옥교회에는 바울과 바나바 외에도 성숙한 지도자들이 많았다는 걸 알 수 있습니다.

> 주를 섬겨 금식할 때에 성령이 이르시되 내가 불러 시키는 일을 위하여 바나바와 사울을 따로 세우라 하시니 이에 금식하며 기도하고 두 사람에게 안수하여 보내니라 행 13:2~3

　바나바, 시므온, 루기오, 마나엔, 그리고 사울. 다섯 사람을 대표로 언급하고 있는데, 이들이 모두 믿음직한 일꾼들이었다는 사실은 2절, 3절을 보면 알 수 있습니다. 두 사람을 선교사로 파송하라고 명령하는데 누굴 파송합니까? 바나바와 사울을 파송합니다. 그들은 교회에서 가장 중심이 되는 지도자들이었습니다. 쉽게 말하면 담임목사를 선교사로 파송하는 겁니다. 이 말은 사울과 바나바를 보내도 안디옥교회는 아무런 문제가 없었다는 말이기도 합니다. 성령이 시키시니 안수기도하고 파송합니다. 과정이 어렵지 않습니다. 그만큼 그들은 사람에게 연연하지 않는, 한 사람 한 사람이 성숙한 성도들이었다는 말입니다.

　진짜 건강한 교회는, 교회 곳곳 중간마다 성숙한 성도들이 많이 포진된 교회입니다. 신앙의 모델이 되는 선배들이 든든하게 붙잡아주는 교회입니다. 말만 많은 오래된 사람들이 아니라 신앙의 연수와 상관없이 먼저 섬길 줄 알고 믿음의 후배들에게 본이 되고 중요한 일에 책임질 줄 아는 성도들이 많은 교회, 그런 교회가 건강한 교회입니다.

안디옥교회는 이렇게 모두가 예수님의 제자로 서가는 일에 전념하고 그 일을 가장 기뻐했던 교회였습니다. 사람들의 변화를 보는 것을 기뻐하고 각 사람이 영적으로 성장하는 과정(프로세싱)이 있는 것을 자랑스럽게 생각하는 교회였습니다. 참 그리스도인이 된다는 사실에 감사하면서 성숙한 성도가 되는 기쁨을 아는 교회, 그런 교회였습니다. 우리가 안디옥교회를 보면서 꿈꾸는 것이 바로 이런 모습 아닙니까? 한 사람, 한 사람이 변화되는 이야기 속에서 우리 거룩한빛운정교회가 존재할 이유를 찾는 것 말입니다.

변화와 성장의 이야기가 끊이지 않는 교회

우리 성도 가운데, 얼마 전까지 살 소망을 완전히 잃었던 분이 있었습니다. 초신자인데 매일 신장 투석하고, 당뇨로 시력까지 잃어가고 있었습니다. 몸은 점점 위독해지고 약값과 치료비도 감당 안 되다 보니 주변에 폐를 끼치고 싶지 않아 죽기만을 소망하셨더랍니다. 교회에서는 새 가족 팀에서 복음을 전하며 틈틈이 말씀을 계속 보내드렸고 마음을 나누면서 힘든 과정을 함께 했습니다. 그러던 중 올해 1월에 세례를 받고 싶다고 하셔서 목양실에서 따로 세례식을 했습니다.

그런데, 그분이 지난주 중에 교회에 오신 겁니다. 그 사이에 눈 수술도 하고 많이 좋아지셨다는 말은 들었지만, 막상 그분이 오시니 다들 깜짝 놀랐습니다. 얼굴이 놀라볼 정도로 좋아지고 완전히 딴 사람처럼 된 것이었습니다. 하나님을 인격적으로 만나는 과정 가운데 병에 대한 자세도, 반응도 달라지면서 나타난 변화였습니다. 지난주에는 그분이 이렇게 고백했다고 들었습니다. "이제는 조급함을 버리고 그동안 살아온 삶에 대해 반성도 하고 병세도 좋아지도록 기도하고 있어요. 받은 거에 감사하고 항상 예수님의 준비된 신부가 되도록 노력할게요."라고요. 그러면서, 본인에게 스타렉스 차량이 있는데 건강이 회복되면 차량 봉사도 하고 싶다고 말씀하셨다는 겁니다.

가장 힘들 때 세례를 받았고 이런 고백을 하기까지 4개월이 좀 지났을 뿐입니다. 우리는 기도할 뿐인데 하나님은 지금도 역동적으로 일하고 계십니다. 우리는 내일 일을 몰라도 주님은 다 아십니다. 우리는 못 해도 주님은 하십니다. 나는 그 사람을 변화 못 시켜도 주님은 완전히 변화시키실 수 있습니다. 이런 변화의 이야기가 교회를 교회되게 하는 이야기 아니겠습니까?

하나님이 오늘도 우릴 하나님의 사람으로 다듬어 가신다는 사실을 믿습니까? 우리가 지금보다 조금 더 예수 닮은 성숙한 제자가 되길 원하신다는 사실을 느끼고 계십니까? 우릴 향한 하나님의 간절한 마음에 우리 모두 진실하게 반응할 수 있길 바랍니다. 주님 부르시는 그 날까지 멈추지 않고 예수님을 더욱 닮아가는 자녀가 되면 좋겠습니다. 영적으로 자라갈 뿐만 아니라, 누군가의 영적인 삶을 도울 수 있는 성숙한 영적 어른이 되면 좋겠습니다.

또한 아울러, 이런 기도가 살아나면 좋겠습니다. "사랑하는 자녀들이 우리 교회에서 하나님의 사람으로 견고하게 세워지게 하옵소서! 우리 아이들이 평생 교회 공동체를 떠나지 않게 하시고, 한평생 성숙한 제자로 자라게 하옵소서!" 또한, "우리 교회가 추진하는 분립개척이, 하나님의 사람들이 곱절로 세워지는 기회가 되게 하옵소서! 이번 분립개척이 기회가 되어서, 성도들의 믿음이 다시 뜨거워지고 멈췄던 헌신이 다시 회복되고 모든 성도가 영적으로 더욱 자라고 성장하는 기회가 되게 하옵소서!"라는 기도가 전 성도의 기도가 되기를 바랍니다.

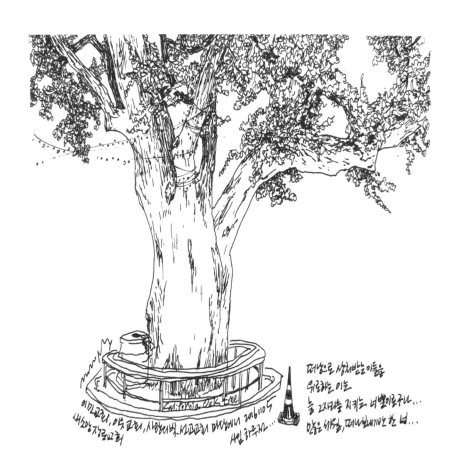

이끼교리, 앗교리, 사랑더북, 새교교리 마당에서 2016.11.5
새소망 장로교회   서인 하루고2···

떠남으로 살레받는 이들을
위로하는 이는
늘 그자리를 지키는 너뻘이로구나···
마음은 세월, 떠나보내기만 한 너···

성령이 이끄시는
축제의 교회   사도행전 13:1~4

1 유대에 있는 사도들과 형제들이 이방인들도
   하나님의 말씀을 받았다 함을 들었더니
2 베드로가 예루살렘에 올라갔을 때에 할례자들이 비난하여
3 이르되 네가 무할례자의 집에 들어가 함께 먹었다 하니
4 베드로가 그들에게 이 일을 차례로 설명하여

사도행전은 성령행전

사도행전은 '성령행전'이라고도 합니다. 예수님 승천 후, 성령이 강림하셔서 교회가 탄생하고 교회를 통해 역동적으로 일하신 성령의 이야기가 고스란히 담겨있기 때문이죠. 안디옥교회 이야기 전후로만 보아도 성령이 주도적으로 일하시는 모습을 볼 수 있습니다.

주의 손이 그들과 함께 하시매 수많은 사람들이 믿고 주께 돌아오더라
행 11:21

바나바는 착한 사람이요 성령과 믿음이 충만한 사람이라 이에 큰 무리가 주께 더하여지더라 행 11:24

그 중에 아가보라 하는 한 사람이 일어나 성령으로 말하되 천하에 큰 흉년이 들리라 하더니 글라우디오 때에 그렇게 되니라 행 11:28

베드로와 함께 온 할례 받은 신자들이 이방인들에게도 성령 부어 주심으로 말미암아 놀라니 행 10:45

주를 섬겨 금식할 때에 성령이 이르시되 내가 불러 시키는 일을 위하여 바나바와 사울을 따로 세우라 하시니 행 13:2

두 사람이 성령의 보내심을 받아 실루기아에 내려가 거기서 배 타고 구브로에 가서 행 13:4

바울이라고 하는 사울이 성령이 충만하여 그를 주목하고 행 13:9

교회가 형성되고 사람이 세워지는 모든 일에 주도권은 오직 성령님께만 있었습니다. 사실 이는 사도행전 시작할 때부터 설계도 말씀에 나왔던 내용이죠.

오직 성령이 너희에게 임하시면 너희가 권능을 받고 예루살렘과 온 유대와 사마리아와 땅 끝까지 이르러 내 증인이 되리라 하시니라 행 1:8

예수님이 다시 오실 때까지 교회의 역사는 성령이 오심으로 시작될 것이라고 말씀하셨습니다. 그것이 언제 시작되었나요? 사도행전 2장에 나오는 오순절 성령강림 사건부터입니다. 오늘은 그날을 기념하는 '성령강림 주일'입니다. 성령께서 우리에게 오신 것을 기념하는 주일입니다. 2,000년 전 강림하신 성령님은 멈추지 않고 일해 오셨고 2,000년이 지난 지금도 성령의 임재와 능력은 여전히 유효합니다.

오늘 본문은, 교회 역사에서 사상 첫 번째로 선교사를 파송하는 장면입니다. 장소는 안디옥교회, 선교사로 부름을 받은 사람은 바나바와 사울입니다. 선교사를 정하신 분은 누구입니까? 성령 하나님이십니다. 그렇다면, 선교사를 공동체 안에서 따로 세운 주체는 누굽니까? 성령님이신데, 누구를 통해서 세웠습니까? 안디옥교회 공동체에 맡겨서 그들을 통해서 세우십니다. 우린 여기서 중요한 사실을 하나기억하고 가야 합니다. 결정은 하나님이 하시지만 순종하는 공동체를 통해서 구체적으로 일하신다는 사실입니다. 하나님은 공동체에 일을 맡기시면서 동역하신다는 사실이죠.

> 우리는 하나님의 동역자들이요 너희는 하나님의 밭이요 하나님의 집이니라 고전 3:9

즉 하나님은 지금도 일하시는데 믿음의 자녀들의 공동체를 통해일하시고 교회에 일을 믿고 맡기시지만, 이 모든 일의 주도권은 누가가지고 있다? 처음부터 끝까지 성령 하나님이 가지고 있다는 말씀입니다.

건강한 교회란? 성숙하고 건강한 성도가 많은 교회

안디옥교회에 선지자들과 교사들이 있으니 곧 바나바와 니게르라 하는 시므온과 구레네 사람 루기오와 분봉 왕 헤롯의 젖동생 마나엔과 및 사울이 안디옥교회에는 성숙한 성도들이 많이 있었습니다. 성숙하고 건강한 성도가 많은 교회가 곧 건강한 교회라고 했습니다. 이유는 분명합니다. 교회는 건물이 아니라, 세상으로부터 부름을 받은 성도들의 공동체이기 때문이죠. 1절에는 그 대표적인 인물들이 소개됩니다. 다섯명의 이름이 나오는데, 물론 그들은 실존 인물이기도 했지만, 여기서는 문맥상 상징적인 특징도 큽니다. 여기에 나온 다섯 명의 소개를 보면, 얼마나 다양한 사람들이 모였는지 알 수 있습니다.

바나바는 레위지파, 디아스포라 유대인이고 예루살렘교회의 대표였습니다. 니게르라는 말은 니그로, 얼굴색이 검은 아프리카 출신을 말하는데, 대부분 학자는 시므온이 노예 출신이었다고 봅니다. 구레네도 마찬가지입니다. 구레네는 북아프리카에 있는 리비아의 고대도시였는데, 특별히 지명을 언급한 건, 이 공동체는 인종, 지역 구분이 없었다는 거죠. 마나엔은 또 어떻습니까? 헤롯의 젖동생이라고 합니다. 당시 분봉왕이었던 헤롯 안디바와 함께 자란 형제였다는 것입니다. 사회적으로 신분이 높은 자였습니다. 사울은 유대인 랍비 후보생, 뛰어난 바리새파 학자였습니다. 다섯 사람이 인종, 학식, 출신, 신분, 문화적인 배경, 뭐 하나도 같은 게 없는데 그런 사람들이 모여서 한 교회를 이루었습니다. 무엇이 그들로 하나 되게 했습니까? 바로 '예수 그리스도'. 예수님 안에서 한 몸을 이룬 거죠.

> 그는 몸인 교회의 머리시라… 골 1:18

> 너희는 그리스도의 몸이요 지체의 각 부분이라 고전 12:27

> 주를 섬겨 금식할 때에 성령이 이르시되… 행 13:2

다른 이유는 없어요. 그들은 너무 달랐지만, 예수님을 섬긴다는 이유로 한 몸이 되기에 충분했습니다. 우리가 사는 이 세상은 주도권을 놓치지 않으려고 얼마나 치열하게 유치한 경쟁과 쟁탈전을 벌입니까? 어디서든 머리가 되려고 노력합니다. 내가 살아남기 위해서 다른 사람은 넘어뜨리고 모함해서라도 밟으려고 하지요. 이런 가치관이 너무도 당연하게 우리가 사는 세상 모든 영역을 지배하고 있습니다.

하지만 교회는 그런 곳이 아니지 않습니까? 내가 살기 위해 남을 밟는 그런 경쟁이 존재하는 곳이 아니지 않습니까? 그래서 이겨도, 져도 행복한 순간으로 기억되는 것이 전교인 체육대회 '운정 한마당' 아니었습니까? 교회는 예수님을 머리로 모두가 한 몸을 이루는 지체입니다. 한 몸처럼 각기 모양과 기능은 달라도 한 생명체를 구성하고 있습니다.

그래서 에베소서에서는 이렇게 말씀하시죠.

평안의 매는 줄로 성령이 하나 되게 하신 것을 힘써 지키라 엡 4:3

'하신 것'입니다. 과거형입니다. 성령이 이미 하나 되게 하셨다는 말씀입니다. 그래서 우리가 할 일은 부름을 받은 한 몸, 공동체를 힘써 지키는 것입니다. 안디옥교회를 보세요. 전혀 섞일 수 없는 것 같은 사람들이 예수로 하나를 이룹니다. 세상이 강퍅해지니 교회 안에서도 강퍅한 모습이 드러나기도 합니다만, 교회 안에서는 다르다고 갈라내고 끊어내는 것이 아니라 바로 그래서 서로 도와주고 채워줘야 합니다. 서로 다르고 부족하므로 비난이 아니라 기도하는 관계가 됩니다.

우리가 속한 운정교회를 생각하며, 스스로 질문해 보면 좋겠습니다. 나는 얼마나 겸손하게 우리 교회를 예수의 몸으로 세워가는 일에 힘쓰고 있는가? 나는 얼마나 내 곁에 붙여주신 성도들을 사랑으로 존중하고 아끼고 있는가? 나는 지금 우리 교회가 하는 일에 얼마나 관심을 가지고 참여하고 있는가? 간절히 바라기는, 안디옥의 저 믿음의 선배들처럼 성령께서 하나 되게 하신 공동체에 기쁨으로 참여하는 사람들이 되길 바랍니다.

세계선교 역사의 출발점

오늘 본문은, 세계선교 역사의 출발점과도 같은 순간입니다.

> 주를 섬겨 금식할 때에 성령이 이르시되 내가 불러 시키는 일을 위하여 바나바와 사울을 따로 세우라 하시니 행 13:2

이제 안디옥교회에서 최초로 선교사가 세워집니다. 중요한 점은 앞서 시작할 때 말씀드린 것처럼, 사람은 하나님이 정하시고 공동체에서 세우는 건 교회에 맡기셨다는 점입니다. 극단적으로 보면 안디옥교회 성도들이 따로 세우지 않아도 하나님이 일하시려면 얼마든지 보내고 쓰실 수 있었습니다. 그런데 하나님은 그렇게 하지 않으셨습니다. 교회를 통해서 세우시고, 교회를 통해서 파송하셨지요. 구체적인 선교의 역사를 '기도하는 공동체'에 맡기셔서 동역하신 것입니다. 그것도 그냥 기도하는 게 아니라, '금식할 때'라고 말하고 있습니다.

본디 금식이라는 건 '단식'도 '굶식'도 아닙니다. 자신 생명의 가치에 따른다는 마음으로, 전인적으로 헌신하며 드리는 집중적인 기도가 금식기도입니다. 하나님은 그렇게 공동체가 함께 전심으로 기도하며 당신의 뜻을 구하고, 함께 말씀을 듣고, 또 함께 한마음으로 순종하는 공동체를 통해서 당신이 예비하신 일들을 신나게 하십니다.

지금 우리는 분립개척의 여러 과정을 지나고 있습니다. 긴장되지만 두렵고 떨리는 마음으로, 또 설레는 마음으로 돌다리를 두드리며 건너가고 있습니다. 수많은 중요한 결정이 이어지고 있습니다. 우리 하나님은 분립을 위해서 준비하고 기도하는 우리 운정교회를 통해 교회를 세우는 하나님의 사역을 행하고 계신 줄 믿습니다.

부족하지만 우리 교회가 기도하면서 결정하는 모든 것들을 존중하시며, 채워주시며, 성령께서 하나하나 책임지고 인도하고 계시는 줄 믿습니다. 그렇게 1호 분립 목사로 이병철 목사님이 세워졌고, 그렇게 10억이라는 예산이 공동체 안에서 정해졌고, 그렇게 〈분립교회 준비팀〉이 세워졌으며 오늘도 멈추지 않고 참여할 성도들을 견고하게 세워가고 계신 줄 믿습니다.

운정의 모든 성도님이 우리 교회를 통해 일하시는 성령님의 주권을 인정하며, 우리 공동체의 결정을 함께 존중하면 좋겠습니다. 하나님이 여기 세우신 운정교회를, 또한 하나님이 세우실 예안교회를, 진정 사랑하는 마음으로 누구 하나 예외 없이 한마음으로 참여하는 분립의 잔치가 될 수 있기를 간절히 바랍니다.

이제 안디옥 성도들은 두 사람을 선교사로 파송합니다. 교회 일을 하다 보면 현실적으로 부딪치는 문제가 있습니다. 내 생각과 공동체의 결정이 들어맞지 않는 경우가 있을 때죠. 하나님이 공동체 안에서 뭔가를 시키실 때, 친절한 설명 없이 시키실 때가 너무 많습니다. 지나고 나면 알기는 알겠는데, 당시에는 도저히 이해되지 않습니다. 공동체의 결정이 마음에 내키지 않을 때 어떻게 해야 할까요? 안디옥교회를 보겠습니다. 이 소식을 들은 안디옥교회 성도들은 어땠을까요? 성경에 기록되지는 않았지만, 우리가 충분히 상상할 수 있는 질문들이 많았겠죠.

"왜 그들이어야만 합니까? 왜 사울과 바나바입니까? 여기 자원하는 사람도 있습니다. 더 적합한 사람이 있습니다. 두 사람만 보내기보다 더 많은 사람을 보내시는 게 낫죠. 그 두 사람은 여기 없어서는 안 됩니다. 너무 갑작스럽습니다. 이해되지 않는 결정이기에 따를 수 없습니다." 등등 아니었을까요? 다 맞는 말입니다. 일리가 있습니다.

이에 금식하며 기도하고 두 사람에게 안수하여 보내니라 행 13:3

그런데 그들은 다르게 반응합니다. 그들의 반응에 대한 성경 기술

방식에 집중해야 합니다. '이에 금식하고 기도하고 안수하고 보내니라' 문장을 끊지 않습니다. 동사에서 동사로 연결됩니다. 자신들의 판단이 들어가지 않아요. 명령에 대한 반응이 너무나도 심플하고 군더더기가 없습니다. 어떻게 그럴 수 있었을까요? 성령님께 모든 주도권을 완전히 맡겼기 때문입니다. 공동체가 함께 기도하는 가운데 주신 성령의 음성에 대한 완전한 신뢰와 존중이 있었습니다. 성령님을 전적으로 인정하고 존중하기에 성령이 함께하시는 공동체의 결정도 존중하고 인정할 수 있었던 것입니다.

세상에 인간이 하는 결정 중에 흠 없는 완벽한 결정이 얼마나 되겠습니까? 인간이 할 수 있는 가장 완벽한 결정이 있다면, "하나님의 말씀이라면 무조건 순종하겠습니다."라는 '순종의 결정'만이 완벽한 결정 아닐까요?

> 우리가 알거니와 하나님을 사랑하는 자 곧 그의 뜻대로 부르심을 입은 자들에게는 모든 것이 합력하여 선을 이루느니라 롬 8:28

그래서 로마서에서 바울은 이렇게 말합니다. 하나님을 진정으로 사랑하는 자들이라면 하나님이 기뻐하시는 것이 무엇인지 충분히 알고 공유할 수 있기에, 비록 다른 생각과 판단과 의견을 가지고 있을지라도 성령 안에서 충분히 합력하여 선을 이루게 할 수 있다는 말씀입니다.

안디옥의 성도들도 이 사실을 잘 알지 않았을까요? 물론 누구를 보내고, 어디로 보내고, 언제 보내고, 어떻게 보내고 하는 일도 중요하겠지만, 진짜 중요한 것은 성령께서 누구를, 언제, 어디에, 어떻게 보내든지 상관없이 공동체가 마음이 갈라지지 않고 말씀 앞에 철저하게 다 함께 순종할 준비가 되어 있는가 아니겠습니까? 이 본질적인 질문 앞에, 그들은 "네." 하고 대답할 줄 아는 사람들이었던 겁니다. 함께 순종하기로 결단하니, 더 이상 지체할 이유가 없었습니다.

> 두 사람이 성령의 보내심을 받아 실루기아에 내려가 거기서 배 타고 구브로에 가서 행 13:4

그들은 누가, 언제, 어디로, 무엇을, 어떻게, 왜 하는 지로 다투지 않았습니다. 또 주저하거나, 고민하거나, 거부하거나, 지체하거나, 갈등하지 않았습니다. 그럴 시간에 진도를 쭉쭉 나갑니다. 파송 받은 사람들도 속전속결입니다. 어디로 갈지, 왜 갈지, 무엇으로 갈지, 가서 뭐 할지 등등 얼마나 결정할 게 많을까요. 그런데 구브로까지 가는 이야기가 몇 단어로 끝납니다.

어디에서 이런 긍정적이고 적극적인 추진력이 나올 수 있었던 걸까요? 오직 주도적으로 인도하시는 성령 앞에서 힘을 뺐기 때문입니다. 그들은 하던 대로 했을 것입니다. 성령보다 앞서지 않고 기도하고 듣고 함께 결정하고 순종합니다. 끝입니다. 보내는 자는 보내는 자대로, 파송 받은 자는 파송 받은 대로 각각 기도로 성령의 인도하심을 구했고 평안으로 인도하시는 말씀에 군말 없이 순종했습니다.

우리 힘이 다 빠지는 순간부터 하나님이 선교하신다

그렇습니다. 성령님의 인도하심을 받는 것은, 내가 붙잡고 있는 내 기준과 판단과 내가 의지하고 있는 능력을 얼마나 내려놓느냐에 달려있습니다. 소위 '힘 뺀다'라고 하지요. 제가 아는 한 선교사님 이야기입니다. 대기업에서 은퇴하신 분인데 하나님이 선교에 대한 마음을 주셔서 한 나라를 두고 비즈니스선교를 준비하셨습니다. 너무 감사하게도 필요한 지역과 사람이 잘 연결되었고, 또 현지 사업체와 연결되면서 안정적인 신분도 보장받았습니다. 다 척척 풀렸습니다.

한국에서 모든 것을 다 정리하고 선교 현장에 딱 도착했는데 그때부터 계획된 일이 기가 막히게 다 틀어지기 시작했습니다. 함께 하기로 했던 사람이 같이 일을 못 하게 되고 신분도 불안해지고 필요한 사역이라는 것도 들었던 것과는 완전히 달랐답니다. 지역 자체를 옮겨야 하는, 그야말로 혼돈 그 자체가 된 것입니다. 이렇게 6개월 만에 처음 계획에서 완전히 틀어져 제로상태가 된 것입니다. 한국에 돌아올 수도 없었고요.

그런데 그때부터 전혀 예상치 못한 사역이 열리기 시작한 것입니다. 새로운 현지 사역자와 연결되고, 처음에는 비즈니스선교로 계획했는데 교육 사역을 맡으면서 몰랐던 더 큰 은사도 발견하게 됐습니다. 자신이 믿었던 것은 다 내려놓게 하시고 전혀 없던 것을 끄집어내서 사역하게 하신 것입니다. 그분을 만났는데 이런 고백을 하십니다.

> "우리 부부가 가진 힘이 다 빠진 순간부터 하나님이 선교하시
> 기 시작하셨습니다. 진짜 선교는 하나님 앞에서 힘을 빼는 것
> 부터 시작한다는 사실을 배웠습니다."

어떤 운동이든 예술이든 기술이든 공통점이 있습니다. '힘을 뺄 줄 아는 자'가 진정한 고수요, 실력자라는 사실이죠. 그림을 그릴 때 붓을 세게 쥔다고 좋은 선이 나오지 않습니다. 노래할 때는 몸에 힘을 빼야 제대로 소리가 나옵니다. 수영도 힘을 빼야 가라앉지 않을 수 있고요. 골프도, 탁구도, 테니스도, 모든 운동이 힘 빼는 것이 핵심입니다.

우리의 믿음, 우리의 신앙생활도 그렇습니다. 영적으로 성숙한 성도는 힘을 뺄 줄 아는 성도들입니다. 어떤 힘이요? 성령보다 앞서게 하는 힘이 있다면, 그 모든 힘은 약이 아니라 독이 됩니다. 아무리 확실한 성공을 보장하는 능력과 힘이 있을지라도, 누구도 따라오지 못할 열정과 자신감과 관계 능력이 있을지라도, 그것들이 오히려 기도하지 않게 만들고 성령보다 더 의지하는 것이 된다면 하나님의 일을 하는 데 있어서 가장 큰 장애물입니다. 반대로 모든 힘을 빼고 성령께서 일하시도록 겸손하게 주도권을 드리고 순종한다면, 그때부터 성령께서 주도하시는 창조적인 일들이 시작될 줄 믿습니다.

아무런 문제 없이, 막힘없이 일사천리로 풀리면 얼마나 좋겠습니까? 그런데 그게 진짜 좋은 길일까요? 우리가 바라는 형통은 그런 형통이 아니지 않습니까? 돌아가더라도, 잠시 멈춰가더라도, 우리 공동체를 통해 일하시는 성령님을 더욱 의지하며 가는 동행 길이라면, 그길이 가장 안전한 길이요, 빠른 길이요, 바른 길이요, 진정으로 형통한 길 아니겠습니까?

빨리 어딘가에 도달하고자 하는 조급함과 분주함을 내려놓고 성령님께 모든 주도권을 드리며, 기도로 충만하고, 성령으로 충만하여 기쁨으로 함께 성령님을 따라가는 것. 그것이 '성령이 이끄시는 축제의 교회' 모습 아니겠습니까?

우리 하나님은 우리 거룩한빛운정교회를 위해서, 또 우리 거룩한 빛예안교회를 위해서 가장 좋은 것을 예비하시고 인도하고 계신 줄 믿습니다. 또한, 이 과정 자체가 놀라운 축복이고 넘치는 은혜의 현장 인 줄 믿습니다. 그렇게, '성령강림 주일'을 성령님과 동행하며 축제 의 여정을 함께 가는 우리들 되길 기도합니다.

Part 2

Lord's-Prayer

성도여, 기도하라!
예수님처럼

통(通)하면 됩니다   마태복음 6:9

9 그러므로 너희는 이렇게 기도하라

하늘에 계신 우리 아버지여

이름이 거룩히 여김을 받으시오며

기도의 매뉴얼, 주기도문

우리 교회는 잔치하는 교회를 선포하고 달려가고 있습니다. 그중에 특히 분립 잔치를 열심히 추진하고 있습니다. 여러 일이 하나씩 순적하게 지날 때마다, 하나님이 얼마나 극진히 돌보시고 사랑하시는지 실감하면서 감사할 따름입니다.

우리에게 지금 더욱 필요한 것이 있다면 모든 운정교회 성도님들이 안디옥교회 성도들처럼 마음을 하나로 모으고 기도하면서 동행하는 것입니다. 안디옥교회 성도들이 중대한 결정 앞에서 흔들림 없이 분열되지 않고 건강한 교회를 세워갈 수 있었던 것은 마음으로, 영적으로 결을 같이하는 공동체였기 때문입니다. 그렇게 신앙의 방향과 속도를 같이 할 수 있었던 비결은 무엇보다 그들 안에 있던 '기도의 힘'이었을 것입니다. 기도만이 영적인 힘을 모을 수 있기 때문이죠.

우리가 예배 때마다 암송하는 주기도문은 익숙한 것만큼 거기에 담긴 내용을 깊이 알지는 못하는 경우가 많은 것 같습니다. 저도 주기도문을 틀리지 않고 빨리 외워서 칭찬받는 아이였지만 주기도문 내용을 깊이 묵상하거나 이해하게 된 것은 아주 나중 일이었습니다.

사실 예수님이 모범적인 기도 방법과 내용을 친절하게 알려주셨음에도 우리는 신앙의 연수와 상관없이 기도를 너무 어려워합니다. "나한테 기도시키면 교회 옮기겠다."라는 성도님들의 협박은 저만 받아본 것이 아닐 겁니다. 우리 목사님들 한 번씩은 다 받아봤을 겁니다.

혹시 기도에 대해서 그런 어려운 마음이 있는 분들 있다면 적어도 이제부터는 그런 협박은 하지 마시고 주님이 가르쳐주신 기도를 제대로 배워보면 좋겠습니다. '주님의 기도'는 생각보다 쉽습니다. 동시에 생각보다 정말 깊습니다. 생각보다 능력 있고 신앙생활에 생기를 주고 기도하는 것을 즐기게 합니다. 주기도문으로 기도하는 것만으로도 영적인 힘을 풍성하게 얻을 수가 있습니다.

주기도문은 하나님의 자녀들이 자녀답게 살도록 예수님이 직접 가르쳐 주신 가장 탁월한 기도이기 때문입니다. 예수님이 직접 가르쳐주신 '기도의 기초 매뉴얼'인 겁니다. 감사하게 길지도 않아요. 우리는 기초라고 하면 좀 무시하는 경향이 있습니다. 그런 생각에서 빨리 벗어나야 합니다. 성숙한 성도일수록 기초가 흔들리지 않습니다. 기초훈련에 언제나 겸손하지요. 왜냐하면 기초는 초보적(basic)이란 의미가 아니라 토대(foundation)를 의미하기 때문입니다. 초보 딱지는 단계를 지나면 뗄 수 있지만, 토대는 죽을 때까지 다지고 점검하는 기본이기 때문입니다.

우리에게 주기도문이 그렇습니다. 주기도문은 우리 신앙의 기초를 계속 점검하게 하고 흔들림 없이 성장하게 합니다. 주기도문에서 기도를 빼면 주문만 남는다고 말합니다. 그래서 주기도문은 주문처럼 외우는 것이 아니라 곱씹으면서 배우는 기도문입니다.

주기도문의 구조

기도는 기독교의 전유물이 아니지요. 다른 종교에도 기도가 있습니다. 기도에 열심을 내는 면에서 보면 사실 우리는 불교, 이슬람교를 따라가기 힘든 것 같습니다. 불교의 삼천 배와 천일기도, 이슬람도 마찬가지죠. 하루 세 번씩 평생 기도 시간을 지킵니다. 한 달 동안 낮에 금식하는 라마단도 있지 않습니까? 가짜종교 이단 사이비도 광신적으로 기도합니다. 샤머니즘 신앙도 기도에서 둘째가라면 서럽습니다. '지성이면 감천'이라고 하늘이 감동할 때까지 기도합니다.

그런데 이런 기도가 바른 기도일까요? 그리고 기도라고 다 같은 기도일까요? 기독교에서 말하는 기도는 본질적으로 뭐가 다를까요? 예수님은 이렇게 말씀하십니다. "너희는 이렇게 기도하라." 지금까지 기도가 너무 힘들고 기도를 요청받을 때마다 주눅 들고 어려웠다면 이제부터는 주님이 가르쳐 주신 대로 이렇게 기도하면 좋겠습니다.

먼저 주기도문의 전체적인 구조를 한 번 살펴보겠습니다.

주기도문의 구조

- 하나님을 부름
- 하나님을 위한 기도 - (1) 하나님의 이름

  　　　　　　　　　(2) 하나님의 나라

  　　　　　　　　　(3) 하나님의 뜻
- 우리를 위한 기도　- (1) 우리의 생존

  　　　　　　　　　(2) 우리의 관계

  　　　　　　　　　(3) 우리의 영적인 전쟁
- 하나님 나라를 위한 기도

구조적으로 매우 균형 잡힌 모습을 볼 수 있습니다. 하나님을 위한 기도 세 가지와 우리를 위한 기도 세 가지가 중심을 이루고 있습니다. 이 구조만 봐도 우리 기도가 얼마나 균형이 깨져있는지를 알 수 있습니다.

우리는 기도할 때 어떻게 기도합니까? 구조가 없지요. 이런 기도가 익숙하지 않습니까?

우리의 기도

- 일방적인 기도 – 쌍방대화가 아니라 일방통행식 쏟아놓음. 다하면 시원?
- 자기중심적인 기도 – 내가 속한 공동체 환경과 상관없이 내게 필요한 것 중심으로 하는 기도.
- 간구 중심의 기도 – 필요한 것을 알려주고 하나님을 간절히 설득한다?
- 묻지도 듣지도 응답하지도 않는 기도 – 물을 생각도 들을 마음도 없다. 무엇보다 듣지 않으니 응답할 것도 없다.

이제부터 계속 배우겠지만 진짜 기도의 깊은 은혜는 주님께서 질문하시고 우리가 답하는 과정 가운데 일어납니다. 사실 소통하지 않고 하는 기도처럼 힘든 게 어디 있겠습니까? 기도를 하나님과의 인격적인 만남이 아니라 종교 행위로 여기니까 생기는 일입니다. 그러니 기도는 하지만 마음은 하나님의 뜻과는 멀어져 있고 종교적 의무감으로 앉아는 있지만 기대도 없습니다. 당연히 즐겁지도 않고요. 이렇게 기도에 대해서 오해하고 있으니 응답 안 해준다고 실망하고 구해야 할 것은 안 구하고 구하지 말아야 할 것을 구하면서 진을 다 뺍니다. 이러니 기도가 힘들고 '대표기도'라도 시키면 교회를 옮기고 싶어집니다.

기도는 하나님과 만나 친밀하게 소통하는 시간입니다. 갓난아이가 엄마 품에 안겨 엄마와 눈을 맞추는 것처럼 하나님과 마음이 통하는 시간입니다. 길어도 짧아도 상관없고 말을 잘하지 못해도 괜찮습니다. 통하면 되는 겁니다. 누군가 말이 통하고 생각이 통하고 마음이 통하면 그 자체만으로 힘이 되는 경험, 하시지 않습니까? 그것이 기도라는 겁니다. 하나님과 통하기만 하면 우리 인생의 모든 문제는 '해결 가능'합니다. 거기로부터 무엇이든 견딜 힘을 얻을 수 있기 때문이지요. 그런 소망을 가지고 이제 본격적으로 주기도문으로 들어가도록 하겠습니다.

우리의 기도를 받으시는 분은 '아버지'

기도 첫 문장이 이렇게 시작합니다.

> 그러므로 너희는 이렇게 기도하라 하늘에 계신 우리 아버지여 이름이 거룩히 여김을 받으시오며 마 6:9

기도의 시작은 기도를 들으시는 대상을 부르는 것으로부터 시작합니다. "하늘에 계신 우리 아버지여" 짧은 도입이지만 아주 중요한 의미가 있습니다. 기도는 우리 기도를 받으시는 대상이 누군지 분명히 아는 것부터 시작된다는 말입니다. 우리 기도를 받으시는 대상, 우리 가 기도하는 분은 누구신가요?

아버지십니다. 예수님은 어떤 의미로 아버지라는 표현을 쓰셨을까 요? 여기서 아버지는 세상의 아버지 개념으로는 담을 수 없는 아버지 입니다. 육신의 아버지도 사랑을 주지만 사실 육신의 아버지는 너무 나도 불완전한 존재입니다. 실제 육신의 아버지에 대한 상처나 안 좋 은 기억이 있는 분들은 하나님을 아버지라 부를 때 오히려 부담스럽 고 거부감이 들곤 하죠.

하지만 예수님이 부르시는 이 '아버지'는 자식을 사랑함에 있어서 완벽한 아버지이십니다. 이 세상의 어떤 아버지와도 비교할 수 없는 완전한 아버지, 사랑하는 자식을 위해서라면 자신의 전부를 희생할 줄 아는 아버지, 그렇게 뜨겁게 자식을 사랑하시는 친밀한 아버지인 겁니다. 그런 아버지가 뜨거운 사랑으로 내 작은 신음과 말과 몸짓을 놓치지 않고 듣고 보고 계십니다. 내 기도와 찬양과 나의 필요와 요청 에 민감하게 반응하신다는 말입니다. 얼마나 위로가 되는 말입니까?

이 말을 우리에게 적용해보면 내가 아무리 고립되어 있다고 해도 절대 외롭지 않다는 말 아니겠습니까? 기도할 때 '이 기도를 들어주 실까, 안 들어주실까.' 노심초사하며 더 이상 불안해하지 않아도 된다는 말 아니겠습니까? 우릴 향한 하나님의 사랑을 의심 없이 신뢰할 수 있다면 우리의 기도는 더욱 위로가 되고 깊어지고 기대와 소망으로 가득하게 될 것입니다. 이것이 첫 번째, 기도를 들으시는 분은 '친밀한 나의 아버지'라는 뜻입니다.

기도를 받으시는 분은 '우리들'의 아버지

둘째로 아버지는 아버지이신데, 그런데 우리 하나님은 나만의 아버지가 아니라는 말씀입니다. 예수님께서 가르쳐주신 주기도문의 특징은 모든 주어가 '나'가 아니라 '우리'로 되어있다는 점을 아십니까? 그렇습니다. 주님의 기도는 처음부터 자기중심적인 기도에서 벗어날 것을 가르치고 있습니다.

지금 나의 기도를 들으시는 아버지 하나님은 나뿐만 아니라, 지금 내가 속한 우리 공동체의 모두를 돌보시고, 사랑하며 모든 필요를 알고 채우길 원하는 분이십니다. 자기중심적인 기도, 자기중심적인 신앙에 매몰되어 있으면 기도가 갈수록 좁아집니다. 소원도 편협해집니다. 다른 사람과 상관없이 나만을 위해 드리는 기도는 뻘쭘해질 때가 있지 않습니까? 주님도 듣다 듣다 갑갑해서 물어보시기도 합니다. "내가 왜 너의 소원만 들어줘야 하니? 그럼, 걔는 어떻게 되겠니?"

환경에 대한 것도 그렇습니다. '우리'라는 개념은 지금 우리가 사는 이 지구 환경 생태계로도 충분히 이해할 수 있습니다. 자연 만물이 우리와 함께 살고 있는 '생명공동체' 아닙니까? 그런데 인간의 이기적인 자연 파괴와 착취가 얼마나 하나님이 사랑하는 피조물들을 괴롭게 하고 있습니까? 그것은 우리 기도 안에 자연생태계가 들어있지 않기 때문입니다. 우리 하나님은 자연, 인간, 모든 피조물들의 하나님 아닙니까?

저와 여러분의 기도가 자신을 위한 기도에서 '우리'를 위한 기도로 바뀌기만 해도 기도 내용은 실제로 상당히 달라질 것입니다. 이기적인 기도에서 책임 있는 기도로 변하게 될 것입니다. 내가 속한 공동체, 자연환경, 동식물을 책임지는 기도를 하게 될 겁니다. 내 소원에 매몰되지 않고 하나님의 뜻과 마음을 가슴에 품고 기도할 수 있게 될 것입니다. 그렇게 '우리의 기도'를 드릴 줄 아는 모두가 되면 좋겠습니다.

기도를 받으시는 우리 아버지는 '하늘에 계신 분'

셋째로 우리 아버지는 이 땅이 아닌 '하늘에 계신 분'이라는 이야기입니다. 이것은 '아버지'의 개념과 대조적으로 쌍을 이루는 내용입니다. 하나님은 아버지처럼 우리 곁에 내려오셨지만 그렇다고 우리처럼 능력이 제한적인 분이 결코 아니라는 말씀입니다. 그분은 세상 모든 것들을 말씀 하나로 창조하신, 전능하신 창조주이십니다. 능치 못한 일이 없으신 세상 만물의 통치자이십니다. 지금도 세계 및 우주의 모든 질서를 주관하고 계십니다. 그런데 그런 전능하고 위대한 분이 우리의 기도를 아버지처럼 귀 기울여 듣고 계신다는 말입니다. 이 얼마나 감사한 일입니까. 얼마나 감격스러운 일입니까? 천지 만물을 지으신 분이 나를 사랑해서 내 기도와 간구와 신음과 찬양 모두를 듣고 민감하게 반응하신다는 겁니다.

그래서 예수님은 이렇게 말씀하시죠. "너희가 구하기 전에 너희에게 있어야 할 것을 하나님 너희 아버지께서는 다 아신다. 그러니 이방인처럼 중언부언하지 말고, 말 많이 하려고 하지 말아라."라고요. 이 말은 "하나님 앞에서 많이 설명해 드리려고 하지 말고 설득하려고 하지 말아라. 안 들으실까, 듣고도 모르는 체하실까, 능력이 없으실까 불안해하지 말아라. 네 기도를 들으시는 분은 네가 생각하는 것보다 대단하신 분이시다."라는 뜻 아니겠습니까?

우리 한 번 돌아볼까요? 우리의 기도가 힘이 없고 생기를 잃어버리는 이유가 뭘까요? 우리의 기도를 받으시는 대상에 대한 신뢰를 잃어버려서가 아닐까요? 우리는 기도를 들으시는 분에 대한 순도 100% 신뢰를 회복해야 합니다.

높음이나 깊음이나 다른 어떤 피조물이라도 우리를 우리 주 그리스도 예수 안에 있는 하나님의 사랑에서 끊을 수 없으리라 롬 8:28

다만, 우리가 회복해야 할 신뢰는 이 말씀처럼 내 기도의 내용을 들어주실 것에 대한 신뢰가 아니라 내 기도를 들으시는 하나님에 대한 신뢰, 하나님의 사랑에 대한 무한신뢰를 말하는 겁니다. 절대 포기하지 않으시는 나를 향한 하나님의 사랑, 그 사랑에 대한 전적인 신뢰가 기도의 시작이자 끝입니다. 그렇습니다. 사실 우리의 기도를 들으시는 아버지께만 집중하고, 하나님을 묵상하는 것만으로도 우리의 기도는 완벽할 수 있습니다. 그것만으로도 우리는 기도 안에서 충만한 은혜를 누릴 수 있습니다.

우리 이제부터 즐겁게 기도 훈련을 하면 좋겠습니다. 기도에 대한 돌덩어리처럼 무거운 부담감을 내려놓고 주기도문을 통해서 하나님과 정을 통하는 행복을 누리면 좋겠습니다.

다윗처럼 간구를 들으시는 하나님께 초첨을 맞추고

오늘 함께 해볼 것은 기도를 들으시는 하나님께만 집중하며 기도하는 겁니다. 뭔가 말을 많이 하려고 하지 말고 하나님을 가르치려 하지 말고 뭔가를 장황하게 설명하거나 설득하려 하지 말고 기도를 들으시는 하나님께만 집중하면서 기도해 보는 겁니다.

> 나의 기도를 들으시는 주님
> 나의 아버지 되어주심에 감사합니다.
> 이렇게 가깝게 계시는 줄 몰랐어요.
> 이렇게 사랑하시는지 몰랐어요.
> 지금도 나의 연약함을 존중하고 여전히 기다려주시는
> 주님, 찬양합니다.
> 지금 나의 상황이 너무 힘들지만,
> 나의 영혼은 주님만을 바라봅니다.
> 주님만으로 만족합니다.
> 주님을 신뢰합니다.

네, 이런 기도를 드릴 때 찬양을 먼저 하고 시작해도 좋겠습니다.

> 나의 영혼이 잠잠히 하나님만 바람이여
> 나의 구원이 주에게서 나오는도다
> 오직 주만이 나의 산성 나의 구원이시니
> 오직 주만이 나의 반석 내가 요동치 아니하리

다윗의 기도를 한 번 보세요. 간구하는 내용도 많지만, 다윗의 모든 기도는 간구를 들으시는 하나님께 초점이 맞춰져 있습니다. 앞으로 기도를 시작하면서 너무 빨리 간구로 넘어가지 마세요. 기도를 들으시는 하나님께 충분히 머물러도 늦지 않습니다. 기도를 들으시는 아버지 마음을 구하고 아버지 마음을 느끼고 그 아버지 마음을 거울처럼 반사하여 고백할 때, 기도는 부담스러운 시간이 아니라 주님과 함께하는 행복한 데이트가 될 것입니다.

　그렇게 기도를 들으시는 하나님과 머물러 있을 때, 우리가 간구하지 않아도 이미 알고 계시는 하나님의 크신 사랑을 느끼게 될 것입니다. 또한 그럴 때 우리의 기도가 내 기도 제목, 내 상황에 매몰되지 않게 될 것입니다. 그리고 하나님이 당신의 마음을 조금씩 열어 보여주시고 성령께서 직접 기도를 이끌어 가실 줄 믿습니다. 우리 모두 '주님이 가르쳐주신 기도'를 통해 하나님과 풍성한 교제를 나누는 기도를 할 수 있게 되길 간절히 바랍니다.

먼저 주님을 높이는 기도입니다

마태복음 6:9

9 그러므로 너희는 이렇게 기도하라
하늘에 계신 우리 아버지여
이름이 거룩히 여김을 받으시오며

주기도는 하나님의 자녀들만 할 수 있는 기도

주님이 가르쳐 주신 기도는 쉽고 짧다고 해서 아무나 할 수 있는 기도가 절대로 아닙니다. 하나님을 아버지로 또 인격적으로 관계하는 분임을 고백하는 자들만 할 수 있는 기도입니다. 또한 하나님을 아버지라 부를 때 감격할 줄 아는 자녀들만이 드릴 수 있는 기도이지요. 그래서 '주기도'는 하나님의 자녀들만 할 수 있는 특권이 있는 기도입니다.

아울러 기도를 듣고 계신 하나님에 대한 기대가 없이는 한 문장도 할 수 없는 기도이기도 합니다. 자신의 성공과 소원성취에 집중된 자들은 하기 힘든 기도입니다. 철저하게 하나님의 관점에서 드리는 '우리의 기도'이기 때문입니다. 또한 하나님 나라의 가치보다 이 땅에 소망을 더 두고 사는 사람들은 할 수 없는 기도입니다. 이런 내용이 지난 시간에 함께 나눈 '하늘에 계신 우리 아버지'라는 이 '부름' 안에 담겨 있었습니다.

'하나님의 이름이 거룩히 여김을 받으시오며'의 뜻

이제 '기도의 부름' 이후에 본격적으로 간구를 시작합니다. 간구의 내용은 크게 두 부분으로 나눌 수 있는데, 하나님을 위한 기도와 우리를 위한 기도입니다. 각각 세 가지씩 총 6가지의 짜임새 있는 내용과 구조로 되어있습니다. 그런데 여기서 중요한 점이 있습니다. '어떤 기도를 가장 먼저 하고 있는가?'라는 겁니다. 이 기도의 모범을 보면 다른 무엇보다 먼저 할 구해야 할 것이 있음을, 기도에도 우선순위가 있음을 알게 됩니다. 이건 단순하게 기도의 순서를 말하는 것이 아니라 기도하는 우리들 마음의 우선순위를 말하는 것입니다.

오늘은 첫 번째 우선순위 기도문입니다. '이름이 거룩히 여김을 받으시오며' 여기서 이름은 누구의 이름을 말하는 거죠? 아버지 하나님의 이름입니다. 우리가 잘 알듯이 사람 이름이나 지명이나 성경에 나오는 모든 '이름'은 그 존재가 가진 정체성을 함의하고 있습니다. 유대 전통에는 그 존재의 특징, 존재의 변화, 그 존재를 통해서 하고자 하는 일을 이름에 담는 관습이 있습니다. 그래서 하나님이 누군가에게 새로운 정체성을 부여하실 때는 꼭 이름을 바꿔주셨습니다. 아브람을 아브라함으로, 사래를 사라로, 야곱을 이스라엘로, 사울을 바울로 바꾸셨습니다. '새 이름'을 주심으로써 새로운 정체성으로 살라는 의미가 있기 때문이죠.

하나님의 이름도 마찬가지입니다. 출애굽기에서 모세가 하나님의 이름을 물어볼 때 대답해 주십니다.

하나님이 모세에게 이르시되 나는 스스로 있는 자이니라 또 이르시되 너는 이스라엘 자손에게 이같이 이르기를 스스로 있는 자가 나를 너희에게 보내셨다 하라 출3:14

'나는 스스로 있는 자다.' 영어로 'I am who I am.' 무슨 말입니까? '나는 나다.' 하나님은 어떤 한 이름에 갇혀있을 분이 아니라는 거죠. 세상 어떤 개념으로도 담을 수 없고 평가 판단할 수도 없고 비견할 수 없는 존재인 겁니다. 그래서 유대인들은 하나님을 부를 때 조심스러우면서도 다양하게 표현하였습니다. 사람처럼 부를 수 있는 이름이 아니어서 하나님의 속성을 담는 여러 표현을 썼는데, 그중 우리가 잘 아는 것에는 세 가지 정도가 있습니다.

- 엘로힘(אלהים) – 하나님들. 전능하고 초월적인 하나님의 의미(2,500회)
- 야훼(יהוה YHWH) – 구원자 하나님, 지존자, 언약의 성취자(6,700회)
- 아도나이(אדוני) – '우리 주님'의 의미

엘로힘. '전능하신 하나님'으로 인간의 능력을 초월하신 하나님을 말하는 호칭입니다. 많이 들어보셨죠? '여호와. 야훼 하나님'도 있습니다. 유대인은 하나님의 이름을 부르기 두려워서 '아도나이'로 불렀습니다. '주님'이라는 뜻이죠. 여기서 야훼라는 이름은 단순히 부르는 호칭이 아니라 하나님의 이름을 부르는 자들과 인격적인 관계를 맺으시는 존재로서의 하나님, 즉 우리와 함께하시고 믿음에 반응하시고 또 구원의 역사를 베풀고 구속사를 완성해 가시는 언약의 하나님을 말합니다. 이 이름 안에 하나님의 존재와 성품이 담겼고 능력이 담겼습니다. 이것이 하나님의 이름 야훼에 담겨 있는 의미들입니다. 그래서 성경에는 이러한 하나님의 전능하심과 역사하심을 다양한 호칭으로 부릅니다.

> 여호와 라파, 여호와 닛시, 여호와 샬롬, 여호와 삼마, 여호와
> 이레, 여호와 라하.

여호와 라파는 치료하시는 하나님, 여호와 닛시는 승리를 주시는 하나님, 여호와 샬롬은 평강의 하나님, 여호와 삼마는 항상 거기 계시는 하나님, 여호와 이레는 모든 것을 준비하신 하나님, 여호와 라하는 우리의 목자가 되시는 하나님을 말합니다.

정리해 보면 오늘 첫 번째 기도는 이런 고백과 같습니다.

> '살아계신 하나님의 존재를 찬양합니다.'
> '하나님의 존재와 완전한 성품을 찬양합니다.'

'하나님의 전능하신 능력을 의심하지 않고 찬양합니다.'
'지금 나의 상황과 상관없이 하나님의 존재, 하나님의 능력,
하나님이 행하신 일을 찬양하고 높여드립니다.'

저와 여러분의 기도가 살아날 수 있는 근본적인 변화의 비결이 바로 여기 있습니다. '하늘에 계신 우리 아버지'를 불렀다면 이제는 그 아버지에 대한 속성과 능력 지금도 우리 가운데 살아계시는 그 역동적인 하나님을 충분히 높여드리고 찬양하는 겁니다. 하나님의 성품과 일하심에 좀 더 머물러 바라보는 겁니다.

복잡한 내 마음 대신 '하나님이 어떤 분이신지'에 집중하기

'하나님의 이름'을 위한 기도를 가장 먼저 가르쳐주신 것은 기도할 때 우리들의 복잡한 마음의 시선을 하나님께로 집중하는 것이 그 어떤 일보다 먼저라는 의미입니다. 지금 내 기도를 받으시는 분이 어떤 능력이 있고 어떤 마음을 품고 계시고 어떤 일을 행하고 계시는지를 충분히 느끼지 못하면 우리 기도는 힘이 빠집니다. 우리가 하나님을 더욱 묵상할 때 우리의 흩어진 마음은 정돈되기 시작합니다. 그 하나님의 존재 앞에서 내 소원의 실체를 발견할 수 있게 되는 겁니다.

이 사실을 우리가 알고 인정한다면 첫 번째 기도는 '간구'가 아니라 '찬양'이라는 사실을 깨닫게 됩니다. 예수님은 우리가 기도할 때 충분히 하나님을 찬양하는 시간을 갖길 원하셨던 겁니다. 그것이 우리 기도의 우선순위라는 것이지요. 어떻습니까? 하나님을 찬양하는 기도가 익숙하세요? 물론 잘 되는 분들도 많겠지만 어려운 분들도 많이 계시죠. 어려울 수 있습니다. 왜 어려울까요? 지금까지 그렇게 기도를 안 해왔기 때문에 그렇습니다. 우린 기도할 때 기도를 받으시는 분 앞에서 충분히 머물지 않았던 겁니다.

찬양은 곡조 있는 기도라고 하지 않습니까? 기도가 어려우신 분들은 하나님을 높이는 이런 찬양으로 시작하시면 됩니다.

  ◆ 왕이신 나의 하나님 내가 주를 높이고~
  ◆ 영원히 주의 이름을 송축하리라~
  ◆ 주를 찬양하며 나 이제 고백하는 말 주를 찬양합니다~
  ◆ 나의 모든 것 되신 주님께~

그리고 이렇게 기도를 해보면 어떨까 합니다.

주님! 주님이 기쁘시고 영광 받으시길 원합니다.
우릴 통해 주님이 기뻐하실 일들이 많아졌으면 좋겠고,

그것을 통해서 주님이 행복했으면 좋겠습니다.

존귀하신 주님을 높여드립니다. 찬양합니다.

주님을 욕되게 하지 않겠습니다.

우리 모든 성도님들이 하나님 만나는 기도 시간이 가장 편안한 시간이 되었으면 좋겠습니다. 그렇게 하나님을 찬양으로 높여드리며 하나님과 마음을 나눌 줄 아는 성도님들이 되시길 바랍니다.

삶으로 살아가는 주기도문

그렇다면 이제 우리는 주님을 높여드리는 기도를 어떻게 삶으로 옮길 수 있을까요? 간단히 세 가지로 정리해 보면 이렇습니다.

하나님을 하나님답게 대접하기

위대한 사상가 파스칼은 "이름을 거룩하게 한다는 것은 하나님을 하나님으로서 대접한다는 것을 의미한다."라고 말했습니다. 그러면 하나님을 하나님으로서 대접한다는 것은 어떤 걸까요?

거룩하다는 건 세상과는 완전히 구별된 존재라는 말이지요. 얽히고설킨 여러 인생의 문제들 앞에서 "주님! 이 일은 오직 주님만이 해결하실 수 있습니다. 그러니 내 인생을 주님께 완전히 맡겨드립니다."라며 하나님만을 신뢰하고 하나님만 의존하는 태도가 바로 하나님답게 대접하는 것 아니겠습니까? 여러분 혹시 삶의 위기를 맞이했습니까? 물질적으로, 관계적으로, 내면의 문제로 두려움에 처해 있습니까? 하루하루가 불안하십니까? 그렇다면 지금 무엇이 여러분에게 실제로 가장 도움을 줄 수 있을 것 같습니까?

얼마 전 한 성도님과 상담을 했는데 듣기만 해도 너무 속상하고 가슴 아픈 일을 겪고 있었습니다. 물질적으로 한계에 다다른 데다 무엇보다 폭력을 당하고 모함과 피해를 받았음에도 오히려 소송에 휘말려 2차, 3차 피해를 보고 있었습니다. 지난 5년간 그런 물리적, 정신적 폭력 상황 속에서 버틴 것이 신기할 지경이었지요. 그런데 그 성도님이 상담 말미에 "저는 하나님 없으면 죽어도 벌써 몇백 번은 죽었을 겁니다."라고 말씀하시더라고요. "주님밖에 의지할 것이 없는 상황 속에서, 찬양 가운데 주님을 만나면 말할 수 없는 힘을 주셔서 그 주님 때문에 지금까지 잘 버티고 있습니다."라고요. 처절한 상황 가운데서도 얼마나 살아있는 믿음입니까? 그 믿음을 보시고 우리 아버지 하나님은 얼마나 함께 눈물을 흘리시며 오늘도 그 성도님을 보살피고 계실까요?

하나님만 의지하라는 게 현실적인 문제를 무조건 떠나라는 말이 아님은 다 아실 겁니다. 우리 인생의 모든 것들을 다 덮고도 남는 하나님을 하나님답게 인정하고, 힘들지만 주님 손 붙잡고 포기하지 말고 버티고 견뎌보자는 것 아닙니까?

> 우리 마음이 그를 즐거워함이여 우리가 그의 성호[이름]를 의지하였기 때문이로다 시 33:21

이 시편의 앞 구절을 보면 좋은 상황이 아닙니다. 고통과 두려움의 사면초가에 싸여있지만 실낱같은 소망을 붙잡고 나아갈 때 '힘들지만, 주 안에서 즐겁다.'라고 말하는 상황입니다. 바로 이런 모습이 하나님을 하나님답게 대접하는 겁니다.

가장 좋은 것을 주께 드리기

이 기도에는 '주님은 우리에게 가장 존귀하신 분입니다.'라는 의미가 담겨 있습니다. 주님이 존귀케 되길 바라는 우리의 기도가 '립서비스'가 아니라면 가장 귀한 분께 우리의 가장 귀한 것을 드리는 것은 당연한 일 아닐까요?

> 여호와의 이름에 합당한 영광을 그에게 돌릴지어다 예물을 들고 그의 궁정에 들어갈지어다 아름답고 거룩한 것으로 여호와께 예배할지어다 온 땅이여 그 앞에서 떨지어다 시 96:8

가장 존귀하신 분을 존귀케 여기는 것은 내게 있는 가장 아름답고 좋은 것을 드리는 것으로 나타날 수밖에 없습니다. 여러분은 무엇으로 하나님을 존귀하게 여기고 있습니까? 귀한 분이라고 말은 하면서 보이지 않게 홀대하고 있지는 않습니까? 가장 좋은 것은 어디에 쓰려고 아껴두고 있습니까? 땅속에 묻어둔 한 달란트는 없습니까? 여러분에게 있는 가장 좋은 걸 가장 존귀하신 분께 드릴 마음이 있긴 합니까?

저에겐 그림이 그랬습니다. 그림을 전공하고 그림에는 자신도 있었지요. 청년 작가로 활동하면서 내 안에 있는 실력이니까 당연히 내 것으로 생각했지요. 그런데 하나님은 "아니다. 그 그림 실력, 네 것 아니다. 내 것이다."라고 말씀하셨어요. 신학을 하면서 신비한 경험을 했는데 2003년부터 2013년 2월까지 정확히 10년간 그림이 그려지지 않는 겁니다. 한 장도 제대로 못 그렸어요. 제겐 신비하고 두려운 경험이었습니다.

중요한 것은 아무리 실력과 능력이 있어도 주님께 드려야만 영광의 도구가 될 수 있다는 말씀을 드리고 싶습니다. 아무리 좋고 능력 있고 아름다운 것들이 있어도 하나님의 손에 잡히지 않으면 하나님께 기쁨이 되지 않는다는 것입니다. 내게 있는 가장 귀한 것을 주께 드리는 것이 곧 주님을 존귀케 여기는 것입니다 예수님의 이런 가르침에 따라 우리가 주기도를 제대로 배운다면 우리의 기도는 180도 달라질 것입니다. "나의 구하는 이 기도 제목을 꼭 들어주십시오."라는 기도가 "존귀하신 주님 부족한 저를 주님의 영광을 위하여 써주십시오.", "귀하신 주님께 나의 가장 귀한 것들(시간·건강·물질)을 드리오니 저를 영광의 도구로 사용하여 주옵소서."라는 기도로 달라질 겁니다.

삶을 통해 하나님 드러내기

예수님은 산상수훈에서 팔복을 선포하시면서 이런 말씀을 하셨습니다.

> 이같이 너희 빛이 사람 앞에 비치게 하여 그들로 너희 착한 행실을 보고 하늘에 계신 너희 아버지께 영광을 돌리게 하라 마 5:16

우리의 착한 행실이 다른 사람들에게 드러날 때 하나님이 영광 받으신다는 말입니다. 사실 이 주기도문은 산상수훈의 가르침을 실제 삶으로 살 수 있게 하는 기도라는 점에서 위대함이 있습니다. 마틴 루터는 "이 부분은 하나님의 이름에 대한 영광과 찬양일 뿐 아니라 내 생활을 통해서 이 거룩하신 하나님을 거룩하신 하나님으로 세상에 증거하기 위한 성화의 책임을 동반하고 있다."라고 말합니다. 우리 삶이 하나님을 드러내는 아름다운 도구가 되는 것, 이것이 이 기도의 목적인 겁니다.

　이 기도를 마주하며 우리 신앙을 돌아보면 좋겠습니다. 여러분을 통해서 지금 하나님이 드러나고 있습니까? 어떤 하나님이 드러나고 계십니까? 혹시 하나님의 얼굴을 까만색으로 먹칠을 하고 있진 않은 가요? 우리는 가끔 착각할 때가 있습니다. 하나님을 모욕하고 욕되게 하는 것이 교회 밖에서 하나님을 욕하는 자들 때문이라고 생각하는데 이것은 착각입니다. 하나님을 모르는 사람들이 어떻게 알지도 못하는 하나님을 모독할 수 있겠습니까?

　세상이 교회를 무시하고 하나님을 욕하면 물론 가슴이 아프죠. 그런데 그건 하나님께 모욕이 될 수 없어요. 하나님께 모욕이 되는 건 하나님을 믿는다고 말하는 하나님의 자녀들이 하나님의 자녀답게 살지 못할 때, 그래서 세상과 구별되지 않고 물에 물 탄 듯, 술에 술 탄 듯 살아갈 때 그것이 하나님께 모욕입니다.

　"믿는다고는 하지만 뭐 똑같네. 너같이 종교 생활할 거면 나는 나를 믿겠다." 이런 말이 하나님께는 치명적인 것 아니겠습니까? 하나님의 사랑을 드러내야 할 자녀들이 하나님이 없는 것처럼 사는 게 하나님께는 엄청난 모욕이 되는 겁니다. 하나님의 이름을 존귀케 하는 일은 멀리 있지 않습니다. 성도가 성도답게 살고 힘들지만 말씀대로 살려고 노력하고 세상에서 구별된 예수의 사람으로 살기로 결단하고 하나님을 자랑하면서 살아갈 때 하나님이 영광을 받으신다는 말씀입니다.

그래서 우린 주기도문을 통해 이렇게 고백하는 걸 배우는 겁니다. "아버지 하나님, 나의 삶이 주님을 욕되게 하지 않겠습니다. 주님이 자랑스러워하는 자녀, 하나님의 영광을 드러내는 자녀로 살겠습니다."라고요. "내 종 욥을 주의하여 보았느냐?"라고 하나님이 사탄 앞에서도 자랑스러워하셨던 욥처럼 우리도 그렇게 자랑스러운 자녀가 되면 좋겠습니다.

주님 이름에, 주님 얼굴에 먹칠이 아니라 아름다운 색칠을 하는 자녀가 되면 좋겠습니다. 우리가 가진 최선의 것, 가장 좋은 것을 드리는 자녀가 되면 좋겠습니다. 우리 교회가 그렇게 하나님을 더욱 빛나게 하는, 하나님 마음을 시원케 하는 멋진 교회가 되길 간절히 바랍니다. 우리 교회의 분립 과정이 그런 과정이 되면 좋겠습니다. 하나님께 마음껏 칭찬받는 교회, 칭찬받는 성도들이 되길 간절히 소망합니다.

3장 ‖‖‖‖‖‖‖‖‖‖‖‖‖‖‖‖

당신의 나라가
임하시오며

마태복음 6:10

10 나라가 임하시오며 뜻이 하늘에서 이루어진 것 같이
땅에서도 이루어지이다

성경이 소개하는 차원이 다른 '한 나라'

우리는 한 번쯤은 이상적인 나라에서 행복하게 사는 꿈을 꿉니다. 하지만 현실은 어떻습니까? 우리가 원하는 기준을 갖춘 완벽한 나라가 있을까요? 또 그런 기준이 갖춰져 있다고 해서 정말 마냥 행복할 수 있을까요? 바보 같은 질문이죠. 그런 안정과 행복을 완벽하게 보장해주는 나라는 존재하지 않습니다. 그리고 굳이 먼 곳에서 천국 같은 삶을 찾지 마십시오. 지금, 여기에서 우리는 충분히 천국을 살 수 있습니다. 오늘 말씀이 바로 그에 관한 말씀입니다.

성경은 처음부터 끝까지 세상의 '나라' 개념으로는 담을 수 없는, 차원이 다른 '한 나라'를 소개하고 있습니다. 바로 '하나님 나라'입니다. 하나님 나라는 창세기부터 요한계시록까지 나타납니다. 예수님이 세상에 오시면서부터 가실 때까지 한결같이 강조하신 예수님의 '중심사상'이었습니다. 우리가 비록 불완전한 이 세상에 발을 딛고 살고 있지만 동시에 우리는 하나님의 통치안에서 천국을 살 수 있음을 말씀하시는 것이지요. 이것이 '하나님 나라 복음, 천국 복음'입니다. 오늘 가르쳐 주시는 주기도 내용은 하나님의 자녀들이 '세상에 속한 자'가 아니라 '하늘에 속한 하나님의 자녀'답게 살도록 하는 기도입니다.

하나님 나라는 장소가 아닌 '통치권'

오늘 기도는 하나님을 위한 기도 세 가지 중 두 번째입니다. '나라가 임하시오며'로 아주 짧습니다. 직역하면 '당신의 나라가 임하시옵소서'입니다. 하나님 나라가 우리가 사는 이 땅에 임하기를 구하면서 간절히 기다리는 기도입니다.

이제 질문이 시작됩니다. 예수님은 모든 기도보다 먼저 하나님 나라가 임하기를 구하라고 하시는데 우리들은 얼마나 하나님 나라가 임하기를 구하고 있는가? 하나님 나라를 기다리고 있기는 한가? 혹시 "주님 제가 아직 못 해본 것 많이 있으니까 너무 서둘지 마시고 조금만 천천히 오세요. 아직 가고 싶은 곳도 많고 하고 싶은 것도 많고 아직 즐기지 못한 것들도 많이 있으니 되도록 제가 죽기 직전에 오시면 좋겠어요."라고 하고 있지는 않은가요?

저도 어렸을 때 심각한 고민 가운데 하나가 이것이었습니다. '내가 결혼하기도 전에 예수님 다시 오시면 어떡하나, 연애 한 번 제대로 못하고 종말이 찾아오면 어떡하나?'라고 심각하게 고민한 적이 있었습니다. 그래서 "주님 여유 있게 제가 늙은 뒤에 천천히 오세요."라고 기도하기도 했던 생각이 납니다.

진짜 하나님 나라가 그런 나라일까요? 이 세상 즐거움보다 못한 나라일까요? 종말의 때가 와야만 천국이 임하는 걸까요? 하나님 나라는 구해도 되고 안 구해도 되는 그런 선택의 문제일까요? 아닙니다. 하나님 나라는 그런 성격의 것도 아니고 그런 수준의 것도 아닙니다. 우리가 '하나님 나라'를 몰라도 너무 몰라서 오해하는 겁니다.

"마라나타 주 예수여, 어서 오시옵소서." 이 말씀을 이렇게 생각하는 겁니다. '주님, 이 세상은 지옥 같은 세상이니 주여 빨리 오셔서 끝장내 주세요.' 또 "속히 오시옵소서." 이 말은 '나 빨리 죽게 해주세요. 빨리 죽어서 이 지옥 같은 세상을 떠나 영원한 나라, 천당에 가고 싶습니다.'로 생각하는 겁니다.

여러분의 이런 생각이 천국을 제대로 이해하고 있는 걸까요? 이건 하나님 나라를 심각하게 오해하고 있는 겁니다. 천국을 천당과 헷갈리고 있는 겁니다. 아무리 반복해도 지나치지 않는 '하나님 나라 이야기'를 다시 한번 말씀드리겠습니다. '하나님 나라'는 무엇일까요? 나라(國)는 히브리어로 마르쿠스(מרקוס), 헬라어로 바실레이아(βασιλεία), 영어로 킹덤(kingdom)입니다. 그런데 이 단어는 영역이나 장소 개념이 아니라 '통치권'을 의미합니다.

즉 하나님 나라는 어떤 지역이나 장소를 의미하는 게 아니라 '하나님이 다스리는 곳이라면 그곳이 곧 하나님 나라라는 말씀이죠. 또한 천국은 미래에 갈 곳이 아니라 지금 이곳에서도 가능한 나라인 겁니다. 천국은 나중에 죽어서 가는 나라가 아니라 지금 예수를 통해 하나님의 다스림 안에 거하고 있다면 그 어디나 천국입니다. 운정교회 성도라면 이 사실만큼은 이해하는 정도가 아니라 뼈에 새겨야 합니다.

천국은 죽어서 가는 천당이 아니다

그렇다면 왜 천국을 천당처럼 생각하게 되었을까요? 결론적으로 보면 이름이 비슷해서 그런 것입니다. 천국은 마태복음에만 나오는 단어인데 유대인들을 대상으로 쓰인 마태복음은 하나님이라는 단어를 경솔하게 쓰지 않으려고 '하나님'이라는 단어 대신 '하늘'이라는 단어로 바꾸어 썼습니다. 그래서 하나님 나라를 하늘나라(킹덤 오브 헤븐)로 표현했는데 그것이 처음 우리말로 번역되면서 '천국'이 된 겁니다. 문제는 이 천국이 기존의 우리 천당 개념과 연결되면서 '통치'의 의미는 희미해지고 '죽어서 가는 장소'로 오해하게 된 거죠. 우리는 주기도를 배우기 전, 이런 천국에 대한 오해를 벗어야 합니다.

높은 산이 거친 들이
초막이나 궁궐이나

내 주 예수 모신 곳이

그 어디나 하늘나라

이 찬양의 가사가 정확히 하나님 나라를 보여줍니다. 예수님이 이 땅에 오심으로 말미암아 천국이 시작되었기 때문입니다.

성경을 통해 예수님의 정확한 표현을 보도록 하겠습니다.

이 때부터 예수께서 비로소 전파하여 이르시되 회개하라 천국이 가까이 왔느니라 하시더라 마 4:17

이르시되 때가 찼고 하나님의 나라가 가까이 왔으니 회개하고 복음을 믿으라 하시더라 막 1:15

예수께서 이르시되 내가 다른 동네들에서도 하나님의 나라 복음을 전하여야 하리니 나는 이 일을 위해 보내심을 받았노라 하시고 눅 4:43

이것이 하나님이 독생자 예수를 이 땅에 보내신 이유요, 또 모든 인간이 예수님을 반드시 믿어야 할 이유입니다. 우리가 전도하고 선교하고 복음을 전해야 할 이유도 여기에 있습니다. 하나님의 통치를 벗어난 사람들이 다시 그분의 다스림 안에 들어오게 하기 위한 거죠. 죄로 인해 하나님의 자녀가 될 자격이 없는 우리에게 자격을 주시기 위해서, 예수님이 대신 십자가에 죽으심으로 죗값을 치르셨습니다.

그리고 그것으로 끝이 아니라 사흘 만에 부활하여 영생의 첫 열매가 되셨습니다. 우리는 그 예수님을 구주로 영접하면 "영접하는 자 곧 그의 이름을 믿는 자들에게는 하나님의 자녀가 되는 권세를 주셨으니"라는 말씀처럼 그 믿음을 통하여 하나님의 자녀가 되게 하셨습니다. 이것이 곧 십자가 복음의 핵심입니다.

그래서 예수를 믿고 하나님의 자녀 된 자들이라면 반드시 하나의 변화 과정을 거치게 되는데 그것이 바로 회개입니다. 지금까지 자기 삶을 돌이켜 반성하고 이렇게 고백하는 것입니다. '이제 저는 다시는 예전처럼 살지 않겠습니다.' 회개는 내 삶의 방향을 180도 돌리겠다는 결단의 고백입니다. 그러면 예전에는 어떻게 살았다는 말입니까? 이전에는 내가 내 삶의 주인이 되어서 내 맘대로 결정하고 내가 원하는 대로 즐기고 선택하고 고삐 풀린 망아지처럼 살아왔다는 걸 인정하는 겁니다.

그런데 '내가 예수 안에서 죽고 예수 안에서 다시 살아났으니, 이제부터는 내가 내 삶의 주인이 아니라 예수님이 내 삶의 주인입니다.'라고 고백한다는 것은 내 삶의 모든 주권, 결정권, 선택권 소유권을 하나님께 완전히 반납하고 항복한다는 걸 말하는 거지요. 이것이 크리스천의 가장 분명한 정체성입니다. 세상 사람과 가장 구별되는 특징인 겁니다.

사실 이렇게 모든 것을 주게 드린다고 하면 왠지 모든 것을 잃어버리고 손해 보는 느낌이 들 수 있지만, 실상은 어떻습니까? 만물의 창조자, 구원자, 통치자이신 하나님이 나의 아버지가 되시니 하나님의 것이 나의 것이 되는 오히려 모든 것을 상속받은 자녀로서의 특권과 축복을 누릴 수 있게 됩니다. 그렇게 자신의 모든 권리를 하나님 앞에 포기하고 소유권과 주권을 하나님께 반납한 자가 하나님의 통치를 받는 것이 하나님 나라 백성이요, 주 안에서 천국을 사는 자들인 겁니다.

그런 의미로 볼 때 여러분은 하나님의 자녀 맞습니까? 하나님의 백성답게 나의 통치를 내려놓고 하나님의 다스림을 구하고 있나요? 그렇다면 어떤 식으로 하나님의 다스림을 받고 있습니까? 삶의 운전대를 예수님께 온전히 맡기기로 하셨습니까? 그렇다면 잘하고 있는 겁니다. 그런 자세가 하나님이 원하시는 모습입니다.

종교인과 신앙인의 차이

아직 뭔가 하나님께 드리기 아깝고 억울하고 하나님하고 뭔가 복잡한 계산이 끝나지 않은 분이 계십니까? 주님께 많이 드릴 수는 있겠는데 모든 소유가 주님 것이라는 게 인정이 안 됩니까? 그럴 수 있습니다. 다만 그렇다면 신앙을 처음부터 점검해봐야 합니다. 왜냐하면 내 삶의 주권이 주님께로 옮겨지지 않았다면 죄송하지만, 종교인은 될 수 있으나 아직 진정한 신앙인이라고 볼 수는 없기 때문입니다.

종교인과 신앙의 차이는 자유함에 있습니다. 주권을 주께 드리지 않으면 신앙생활이 무겁고 힘들어집니다. 부담되고 갈수록 지칩니다. 자유도 없고 재미도 없습니다. 하지만 하나님께 모든 권리를 다 드린 자는 드리면 드릴수록 자유로워집니다. 드리면 드릴수록 빼앗아 가지 않고 나에게 맡겨주시는 걸 느끼게 됩니다. 내 나라가 끝나는 곳에서 하나님 나라가 시작되기 때문이죠. 그래서 데이빗 팀스라는 신학자는 이 구절을 "당신의 나라가 임하시옵소서라는 기도를 뒤집으면 내 나라가 끝나게 하옵소서라는 기도가 된다."라고 설명합니다.

'아버지의 이름이 높임을 받으시오며'라는 기도가 간구보다 찬양에 가까운 기도였다면, 오늘 하나님의 나라를 구하는 기도는 간구라기보다는 회개 기도에 가깝다고 할 수 있습니다. 주님 앞에서 내 맘대로 하던 주권을 다시 드리는 기도이기 때문이지요. 우리에게 이런 기도가 회복되면 좋겠습니다.

주님, 주님이 내 삶의 주인이라고 말하면서 여전히 주님께 묻지도 않고 듣지도 않고 내 맘대로 살았습니다. 내가 주인으로 살았습니다. 앞으로 그렇게 살지 않겠습니다. 내가 다시 주님께 모든 주권과 소유권과 결정권과 선택권 등 모든 권리를 다시 드리오니 내 나라는 끝나게 하시고 주님만이 다스려 주옵소서.

전에는 내 결정이 가장 안전하고 지혜롭고 좋은 결정인 줄 알았습니다. 하지만 깨닫고 보니 나는 너무나도 불완전합니다. 오직 주님이 나를 다스릴 때에만 나는 제대로 살 수 있습니다. 내 생각에 행동에 판단에 내 모든 관계에 하나님 나라가 임하게 하옵소서.

주님 이제부터는 주님께 묻지 않고 결정하지 않겠습니다. 모든 결정 앞에서 내가 앞서지 않겠습니다. 중요하면 중요할수록 주님 앞에 머물러 기도하는 시간을 더 많이 갖겠습니다. 그렇게 하나님의 자녀답게 하나님께 묻고 듣고 주님이 주시는 평안만을 따라가겠습니다. 그러니 주님 말씀만

하옵소서. 주의 종이 듣겠나이다.

사실 하나님 나라를 벗어난 기도란 있을 수 없습니다. 개인적인 기도든, 가족을 위한 기도든, 공동체적인 기도든, 모든 기도는 하나님 나라를 구하는 기도 안에 포함됩니다. 하나님이 세워 가시는 '하나님 나라'라는 큰 그림 속에서 기도하는 것이란 이야기입니다. 만약 우리의 기도가 하나님 나라에서 벗어난 기도라면 잘못된 기도입니다. 당장 멈춰야 합니다. 그래서 다른 어떤 것보다 먼저 하나님 나라를 구해야 하는 것입니다.

> 그런즉 너희는 먼저 그의 나라와 그의 의를 구하라 그리하면 이 모든 것을 너희에게 더하시리라 마 6:33

이 말씀은 앞부분보다 뒷부분, '이 모든 것을 너희에게 더하시리라.'는 부분에 중점이 가 있는 경우가 많은데 나에게 더하실 것을 생각해서 하나님 나라를 구하라는 의미가 아닙니다. 하나님은 이런 말씀을 하시고 계신 게 아닐까요? "지금 너희가 들고나온 기도 제목 외에도 나의 나라를 위해 너희가 마땅히 드려야 할 다른 기도 제목들도 많이 있다. 내 백성들아 내 나라를 위해서 영적 채널을 열고 내 나라를 위해서 열심히 기도해라. 그곳에 먼저 네 눈을 두어라."라고요.

예수님이 가르쳐주신 이 기도는 하나님 나라를 세우는 일에 우리들의 영혼을 깨우고 우리 눈을 열어 동참케 하는 기도입니다. 우리가 사는 이 땅에 하나님 나라가 세워지는 것은 우연히 이뤄지지도, 갑자기 공짜로 주어지지도 않습니다. 이는 하나님의 통치를 벗어난 곳을 향해 하나님의 찢어지는 마음과 긍휼히 여기는 마음을 가슴에 품은 자들을 통해 하나님 나라가 세워지고 확장되는 겁니다. 멈춰버린 하나님의 통치를 회복시키는 일에 손과 발을 드리며, 순종하는 종들을 통해 하나님은 오늘도 당신의 나라를 멋지게 세워가고 계시는 겁니다.

하나님 나라를 위한 기도로 만들어지는 네트워크

지난 수요일 북한 내지에서 선교하시는 선교사님이 수요 말씀을 전해주셨는데 큰 은혜를 받았습니다. 선교사님은 몽골에서 들어오셨습니다. 현지 사역자 훈련을 받으면서 칸막이 없는 화장실 때문에 당황하고, 얼음장 같은 물로 세수하다가 쌍코피 터진 에피소드를 들었습니다. 태어날 때부터 그런 사역을 감당할 수 있는 분이 얼마나 되겠습니까? 하나님 나라 회복하는 일에 헌신하다 보니 예기치 못한 여러 일들도 만나는 거지요.

말씀하시는 가운데 우리가 돕고 있는 A 지역의 지하교회 소식도

들었습니다. 16명의 북한 지하교회 성도들이 오늘도 쉬지 않고 우리 운정교회를 위해서, 우리 성도들을 위해서 기도하고 있다고 말씀하시는데 너무 죄송하면서도 가슴이 뭉클한 겁니다. 사실 우리 운정교회는 얼마 전부터 이 교회를 매달 아주 조금씩 돕기 시작했습니다. 정말 얼마 되지 않습니다. 다만 〈통일선교팀〉을 중심으로 현지 소식을 들으면서 기도하고 있었습니다. 한 번도 본 적 없고 멀리 떨어져 있지만, 서로가 기도로 맞닿아 있고 성령이 하나로 묶고 계신다고 생각하니 얼마나 감사하고 감동이 밀려오던지요.

그 지하교회를 세운 분은 충분히 한국에 나올 수 있음에도 불구하고 중국에 남아서 북한의 지하교회를 목숨 걸고 세우고 있습니다. 그분이 우리 교회 성도님들에게 영상 편지를 보내왔습니다. 북녘에 있는 그 지하교회에서는 오늘도 우리를 위한 기도가 멈추지 않고 있습니다. 날마다, 새벽마다 이곳에 하나님 나라가 세워지도록 기도하고 있습니다. 얼굴도 모르는 저와 여러분을 위해서 북한의 16명의 성도들이 목숨 걸고 기도하고 있습니다. 우리도 그 기도에 반응해야 하지 않을까요? 매일 새벽은 아니어도 매일 우리의 기도에 그들을 위한 기도가 이제 들어가야 하지 않을까요?

지금까지 지하교회 하면 얼마나 멀게만 느껴졌습니까? 그런데 실제로 그렇게 멀지도 않습니다. 사실 거리로 따지면 운정에서 서울보다 북한이 훨씬 가깝습니다. 영적인 거리를 보면 아무리 멀리 떨어져 있어도 우리는 서로를 향한 기도로 딱 달라붙을 수 있다는 사실이 얼마나 감격적입니까?

'나라가 임하시오며'라는 이 기도가 우리에게 절실히 필요한 이유가 여기에 있습니다. 하나님 나라는 오늘도 하나님 나라가 임하길 구하는 자들의 기도를 통해서 세워지고 확장되고 성장해가고 있습니다. 그곳이 아무리 영적인 불모지고 하나님의 통치를 벗어난 곳처럼 보일지라도 우리의 기도를 들으시는 성령께서는 오늘도 함께 한 마음으로 드리는 기도의 네트워크를 통해서 하나님 나라를 세우고 계신 줄 믿습니다. 그 거룩한 기도에 기쁨으로 동참하는 모두가 될 수 있기를 간절히 바랍니다. 우리가 드리는 '하나님 나라를 위한 기도'를 통해서 영적인 불모지와 같은 우리 삶을, 우리가 사는 이 땅을, 북녘의 땅을 '하나님 나라'로 회복시켜 나갈 줄 믿습니다. 그렇게 하나님 나라를 세우는 기도자들 되시기 바랍니다.

4장 ||||||||||||||||||||||

땅에서도
이뤄지게 하소서

마태복음 6:10

10 나라가 임하시오며 뜻이 하늘에서 이루어진 것 같이
땅에서도 이루어지이다

우리는 주기도문을 함께 배우고 있습니다. 주기도문의 처음 세 가지 기도 제목은 하나님을 위한 기도라 했습니다. '이름이 높임을 받으시오며, 나라가 임하시오며, 뜻이 하늘에서와 같이 땅에서도 이뤄지게 하소서.' 부분입니다. 첫 번째는 하나님의 이름을 위한 기도였습니다. 두 번째는 하나님 나라를 위한 기도였습니다. 오늘은 세 번째로 '뜻이 하늘에서 이루어진 것 같이 땅에서도 이뤄지게 하소서.'입니다.

뜻을 위한 기도인데 누구의 뜻을 말하는 것일까요? 하나님의 뜻입니다. 이 기도는 기도의 본질을 다시 깨닫게 하는 내용입니다. 기도란 내 뜻을 성취하기 위해서 하는 게 아니라 하나님의 뜻이 성취되길 구하는 것이 진정한 본질이라는 말씀입니다.

하나님의 뜻은 무엇일까요? 성경은 이렇게 말합니다.

> 하나님이 우리를 구원하사 거룩하신 소명으로 부르심은 우리의 행위대로 하심이 아니요 오직 자기의 뜻과 영원 전부터 그리스도 예수 안에서 우리에게 주신 은혜대로 하심이라 딤후 1:9

> 그 뜻의 비밀을 우리에게 알리신 것이요 그의 기뻐하심을 따라 그리스도

안에서 때가 찬 경륜을 위하여 예정하신 것이니 엡 1:9

모든 일을 그의 뜻의 결정대로 일하시는 이의 계획을 따라 우리가 예정을
입어 그 안에서 기업이 되었으니 엡 1:9

한마디로 말하면 하나님의 뜻이란 하나님의 구원, 하나님의 소원,
하나님의 기쁨, 하나님의 계획을 말합니다. 그런데 그런 하나님의 뜻
과 계획은 변하지도 않고 인간의 힘으로는 대적할 수 없는 불가항력
적인 역사라는 겁니다.

하나님은 약속을 기업으로 받는 자들에게 그 뜻이 변하지 아니함을 충분
히 나타내시려고 그 일을 맹세로 보증하셨나니 히 6:17

혹 네가 내게 말하기를 그러면 하나님이 어찌하여 허물하시느냐 누가 그
뜻을 대적하느냐 하리니 롬 9:19

그렇다면 하나님의 뜻이 이미 정해졌고 불변하고 하나님이 직접
역사의 주관자로 성취하실 거라면 우리가 기도할 필요가 뭐가 있나?
하나님이 다 알아서 하실 텐데 우리가 기도한다고 뭐가 달라지겠나
하는 의문이 생길 수 있습니다. 우린 기도에 대해서 크게 두 가지로
오해하곤 합니다. 하나는 말 그대로 나의 소원을 말해서 하나님께 얻

어내는 것이 기도라고 생각하는 것입니다. 그것이 하나님이 기뻐하실지는 둘째 문제이고 하늘을 감동하게 해서라도 내 소원을 얻어내는 것, 그것을 능력 있는 기도라고 생각하는 겁니다. 그것이 첫 번째 오해입니다.

또 하나는 정반대입니다. 하나님이 이미 모든 것을 다 정해놓으셨기 때문에 기도할 필요가 없다는 생각입니다. 기도하지 않아도 어차피 하나님이 다 알아서 하실 것이니까 기도하지 않는 겁니다. 우리는 적어도 이런 잘못된 기도에 관한 생각을 완전히 벗어야 합니다.

우리의 반응을 통해 이뤄지는 '하나님의 뜻'

먼저 우리는 하나님의 뜻이 무엇인지에 대해 개념을 정립해야 합니다. 하나님의 뜻이라고 할 때 '단순하게 하나로 정해진 그 무엇'으로 생각하는 경향이 있습니다. 아닙니다. 신학적으로 볼 때 하나님의 뜻을 말하는 두 가지 단어가 있습니다.

> 불레(Boule) – 하나님의 절대적인 뜻, 불가항력적인 불변의 계획
> 델레마(Thelema) – 반응에 따라 결과가 다르게 나타나는 뜻. 하나님의 소원적인 뜻

하나는 불레(Boule)이고 또 하나는 델레마(Thelema) 입니다. 불레는 하나님의 절대적인 뜻, 아무도 거스를 수 없는 불변의 뜻을 말합니다. 예를 들어 이스라엘의 멸망이 그렇고 예수께서 십자가에서 죽으심으로 모든 인류를 다시 살리신 하나님의 구원의 뜻이 대표적입니다.

또 하나는 델레마(Thelema)라는 단어인데 이건 좀 다릅니다. 인간의 반응에 따라 다른 결과를 보게 되는 뜻입니다. 대개 신학자들은 이것을 '허용적인 뜻', '소원적인 뜻'이라고도 합니다. 예를 들면 하나님의 소원과 뜻은 모든 인간이 다 거룩케 되는 것인데 실제로 모두 인간이 다 거룩케 됩니까? 그렇지 않습니다. 인간이 어떻게 반응하느냐에 따라 결과가 달라집니다. 즉 하나님이 간절히 바라고 계셔도 인간의 반응과 협조 없이는 이뤄질 수 없는 것, 이것을 하나님의 '소원적인 뜻'이라고 하는 것입니다.

하나님의 뜻을 '불레'의 측면만 강조하면 말 그대로 이미 뜻은 정해졌으니 기도할 필요가 없습니다. 인간은 기계적인 존재가 되는 겁니다. 반면에 '델레마'의 측면만 강조하면 하나님의 역사, 하나님의 완전한 계획은 없어지고 인간의 반응에 따라 달라지는 혼돈과 무질서가 팽배해집니다. 그래서 우리는 하나님의 뜻에 관한 이 두 가지 측면을 균형 있게 잘 이해해야 합니다. 정리하면 이렇게 이해할 수 있습니다.

하나님의 뜻은 완전하고 선하고 불변합니다. 하나님은 궁극적으로 인류의 역사 속에서 당신의 뜻을 완성해 가실 것입니다. 그런데 하나님은 하나님의 뜻을 성취하는 일을 홀로 하시지 않고 하나님의 백성들과 함께 행하십니다. 하나님의 뜻을 위해서 기도하는 백성들을 통해서 하나님 나라 역사를 한 땀 한 땀 성취해 가신다는 말씀입니다. 하나님은 우리들을 하나님의 동역자로 초청하고 함께하자고 하시는 겁니다. 이것이 사실이라면 얼마나 감격스러운 일입니까? 이런 영적인 비밀과 뜻을 깨달은 바울은 이렇게 고백하죠.

> 우리는 하나님의 동역자들이요 너희는 하나님의 밭이요 하나님의 집이니라 고전 3:9

이런 측면에서 오늘 주기도문은 우리로 하여금 기도를 통해 우리가 하나님과 동역하도록 인도하는 기도인 것입니다. 즉 '동역자로 부르시는 기도'입니다. 그래서 우린 이렇게 찬양할 수 있는 것입니다.

> 주님 우릴 통해 계획하신 일
> 부족한 입술로 찬양하게 하신 일
> 주님 우릴 통해 계획하신 일

너를 통해 하실 일 기대해[*]

우리가 하는 것에 따라 우리의 삶이 영원한 하나님 나라 역사가 될 수도 있고, 흔적 없이 사라지는 역사가 될 수도 있습니다. 하나님이 뜻을 이루는 현장마다 '기도 동역자'로 적극적으로 참여할 수 있기를 간절히 바랍니다.

주님 뜻대로 사는 자, 쉬지 않고 기도하는 자

하나님의 동역자 되기를 꿈꾸고 주님 뜻대로 살기로 다짐하는 자녀들에게 오늘 예수님은 주기도를 통해 세 가지 메시지를 주십니다.

> 항상 기뻐하라 쉬지 말고 기도하라 범사에 감사하라 이것이 그리스도 예수 안에서 너희를 향하신 하나님의 뜻이니라 _살전 5:16-18_

쉬지 말고 기도하라. 근데 사람이 어떻게 쉬지 않고 기도할 수 있습니까? 너무 극단적인 말이라 부담스럽나요? 이 말은 시간상으로 멈

---

[*] 「주 안에 우린 하나(원제 : 기대)」, 천강수 작사·작곡

추지 말라는 의미가 아니라 어떤 상황에 부닥친다고 할지라도 그 속에 깃든 하나님의 뜻을 분별하고 그것을 위해 기도하는 걸 절대로 멈추지 말라는 말입니다. 하나님은 하늘과 땅을 잇는 성도들의 기도를 통해서 일하시기 때문입니다. 불레, 변치 않는 하나님의 역사는 델레마, 믿음으로 반응하고 기도하는 자들을 통해서 성취된다는 말씀입니다. 이미 정하신 하나님의 뜻을 이 땅에 이루어지게 하는 건 바로 성도들의 기도라는 말씀입니다.

엘리야를 한번 보십시오. 아합의 패역한 통치로 하나님이 3년간 가뭄을 주십니다. 이에 엘리야가 갈멜산에 올라가 무릎 사이에 머리를 두고 기도합니다. 여러분 무릎 사이로 머리 넣어보신 분 계십니까? 신체 구조적으로 할 수 없어요. 그런데 엘리야가 그렇게 했답니다. 이건 목숨을 건 기도를 말하는 것입니다. 그렇게 기도를 마칠 때야 가뭄을 끝내는 큰 비가 내리기 시작합니다. 하나님은 이미 큰비를 작정하고 계획하고 계셨어요. 그런데 그 큰비를 내리신 것은 엘리야가 기도를 드린 후입니다. 하나님의 뜻을 엘리야를 통해 이 땅에 선포하시는 거였죠. 기도하는 엘리야와 함께 동역하고 계시는 겁니다. 하나님은 기도하는 자녀들과 함께 역사를 써 내려가십니다. 이것이 하나님이 일하시는 방식입니다.

오순절 성령강림 현장은 어떻습니까? 마가의 다락방에 모인 120명의 성도가 열심히 기도할 때 약속하신 성령이 임합니다. 여러분, 성령이 오시는 건 이미 정하신 뜻이었어요. 그런데 언제 어디에 임하십니까? 기도할 때 기도하는 자 위에 임하십니다. 기도는 없던 씨를 마구 뿌리는 것이 아니라 이미 하늘에 심어진 하나님의 뜻을 이 땅에 심어내는 영적인 모내기입니다.

기도로 심지 않으면 그것이 하나님의 뜻인지 알지도 못할 뿐 아니라 하나님의 뜻을 이루는 열매를 거둘 수가 없습니다. 하루가 천년 같고 천년이 하루 같은 하나님은 급하지 않으십니다. 이 세대에 우리를 통해 완성되지 않으면 다음 세대를 통해 이루실 것입니다. 나를 통해서 이루지 못하시면 기도하는 다른 이를 통해서 이루어 가실 겁니다. 우리로 하여금 기도케 하는 것은 하나님의 역사에 우리를 초청하시는 축복인 겁니다. 그러니 기도의 자리에 부름을 받는 게 얼마나 감사한 일입니까? 그래서 우리가 서로 하나님의 뜻을 이루기 위해서 기도 제목을 나누며 함께 기도하는 것은 하나님 나라를 곳곳마다 세우는 일에 초청받는 겁니다. 우리 모두 하나님의 동역자가 될 수 있길 간절히 바랍니다.

주님 뜻대로 사는 자, 자기를 부인하는 자

이 말은 내 나라는 끝나게 하시고 주님 나라가 임하소서 했던 앞의 기도와 맥락을 같이하는 기도입니다.

대화할 때 자기 말만 쉴 새 없이 하는 사람이 종종 있습니다. 그런 분들은 상대방 말을 안 듣습니다. 다른 사람이 말할 때 자기 할 말을 생각합니다. 제일 대화하고 싶지 않은 스타일 아닙니까? 그런데 우리가 하나님을 상대로도 이렇게 하는 것 아십니까? 자기 소원에 흠뻑 빠져 있는 사람이 하나님께 기도할 때 어떻게 하나님의 뜻을 구할 수 있겠습니까?

문제는 내 안에 소원이 있는데 뭐가 내 소원이고 뭐가 주님 소원인지 모른다는 게 문제입니다. 장신대에 구전되어오는 유명한 일화가 있습니다. 한 학생이 교수님께 물어봤습니다. "교수님 도대체 무엇이 하나님의 뜻입니까?" 교수님 하시는 말씀이 "네 뜻이 아닌 것이 하나님의 뜻이다." 곽선희 목사님은 이렇게 말씀하셨습니다. "뭐가 하나님의 뜻인지 모르겠으면 둘 중에 좀 더 불리한 쪽을 선택하십시오. 둘 다 좋은 길이라면 좀 더 손해 보는 길을 택하는 것이 좋습니다. 내가 손해 보면 누군가에겐 반드시 이로울 것이기 때문입니다." 손해 보는 쪽이 좀 더 십자가를 닮은 곳이 아니겠냐는 말입니다.

"아버지 하실 수 있거든 이 잔을 내게서 멀리하옵소서. 하지만 나의 원대로 마옵시고, 아버지의 원대로 하옵소서."라는 기도를 올리며 예수님이 선택하신 십자가가 바로 그런 선택 아니었습니까? 예수님은 하나님의 뜻을 따르기 위해 십자가를 선택했습니다. 중요한 건 그 예수 그리스도의 십자가는 죽음으로 끝난 십자가가 아니라 부활로 승리한 십자가였습니다. 자기를 내려놓는 그 순종을 통해서 모든 인류를 구원한 하나님의 뜻이 성취된 것 아닙니까?

하나님의 뜻대로 산다는 건 하나님이 기뻐하실 것을 그때그때 선택할 줄 아는 걸 말합니다. 우리가 뭔가 선택할 때 속마음을 들여다보면 이렇게 4가지 경우가 있습니다.

① 나도 기쁘고 하나님도 기뻐하시는 일이 있을 때,
　→ 그럴 땐 거의 고민 없죠. 그냥 하면 됩니다.

② 나도 싫고 하나님도 싫어하시는 일이라면?
　→ 이것도 고민 없죠. 그냥 안 하면 되죠.

③ 나는 좋은데 하나님이 싫어하시는 것 같다?
　→ 이럴 땐 어떤 선택을 합니까? 먼저 '하나님이 싫어하시는 게 맞나? 아닐 거야.'라며 자기를 설득하죠. 그리고

나선 '하나님 괜찮죠?'라며 하나님을 설득하고 떼쓰기 시작합니다. 그리곤 '이번 한 번만' 하면서 그냥 해버립니다. 여기부터 신앙의 성숙도가 보이는 겁니다.

④ 나는 싫은데 하나님이 기뻐하시는 것 같다?

→ 이게 참 괴로운 겁니다. 대부분 헌신과 희생이 요구되는 경우입니다. 나는 미워 죽겠는데 참아보라 하시고 가능하면 용서해보라 하십니다. 쉽게 안 되지요. 우리는 그럴 때 주로 어떻게 합니까? 많은 경우가 모른 척하고 넘어갑니다. 그런데 대부분의 하나님의 크신 계획과 축복은 그 뒤에 숨어있습니다. 그래서 영적인 훈련이라는 것은 하나님이 기뻐하실 일에 내가 기뻐하는 훈련을 하는 겁니다.

'내 뜻이 아니라 하나님의 뜻이 내 안에서 이뤄지길 간절히 원합니다.' 이 주기도는 이렇게 하나님이 원하시는 것과 내가 원하는 것이 다를 때 절실히 필요한 기도입니다. 그래서 바울은 이렇게 고백합니다.

형제들아 내가 그리스도 예수 우리 주 안에서 가진 바 너희에 대한 나의 자랑을 두고 단언하노니 나는 날마다 죽노라 고전 15:31

여기서 죽는다는 건 비참한 죽음을 말하는 것이 아닙니다. 내 욕심에 사로잡혀서 자유롭지 못한 나를 향해 자유를 선포하는 겁니다.

> 너희가 내 말에 거하면 참으로 내 제자가 되고 진리를 알지니 진리가 너희를 자유롭게 하리라 요 8:32

우리를 진정으로 자유하게 하는 것은 하나님의 뜻이 우리를 사로잡고 있는 것입니다. 하나님 말씀 안에 거하는 것입니다. 하나님 뜻 안에 있는 자유를 선택하고 누릴 줄 아는 우리 모두가 되길 바랍니다.

주님 뜻대로 사는 자, 자신을 즐겁게 드리는 자

예수님은 자기 자신을 소개할 때 하나님의 뜻을 완성하기 위해 보냄 받은 자라고 말씀하십니다.

> 내가 하늘에서 내려온 것은 내 뜻을 행하려 함이 아니요 나를 보내신 이의 뜻을 행하려 함이니라 요 6:38

> 예수께서 이르시되 나의 양식은 나를 보내신 이의 뜻을 행하며 그의 일을 온전히 이루는 이것이니라 요 4:34

이 말씀은 쉽게 말하면 '나는 하나님 뜻을 위한 일을 밥 먹듯이 하러 왔다.', '내 밥(양식)은 하나님의 뜻을 행하는 일이다.'라는 의미가 아니겠습니까? 일을 억지로 하지 않고 자원하여 기쁘게 한다는 말이죠. 주기도는 하나님의 뜻을 이루는 일에 나를 사용해달라고, 나의 기도를 사용해달라고 자원하여 주님께 요청하는 기도입니다.

> 하나님의 뜻이 이 땅에 이뤄지는 일에 나를 기쁨으로 드립니다.

> 이미 작정하신 하나님 나라의 크신 일들에 주님 제가 동역하고 싶습니다.

> 주께 쓰임 받는 게 저의 가장 큰 기쁨이고 행복입니다. 하나님의 뜻을 이루시는 일에 저를 마음껏 써주옵소서.

여러분 여기서 우리가 꼭 기억해야 할 한 가지 사실이 있습니다.

너희는 이 세대를 본받지 말고 오직 마음을 새롭게 함으로 변화를 받아 하나님의 선하시고 기뻐하시고 온전하신 뜻이 무엇인지 분별하도록 하라
롬 12:2

하나님의 선하시고 기뻐하시고 온전하신 뜻을 분별하라고 말씀하시는데, 분별할 수 있는 자격 있는 자를 그 앞 절에 말씀하고 계십니다.

> 너희 몸을 하나님이 기뻐하시는 거룩한 산 제물로 드리라 이는 너희가 드릴 영적 예배니라 롬 12:1

그러니까 하나님은 하나님께 자신을 기쁨으로 헌신하여 드리는 자녀들에게 그의 뜻을 분별할 줄 아는 영적인 눈을 열어주신다는 말씀입니다.

하나님의 뜻이 무엇인지 분별하고 싶으십니까? 그렇다면 하나님께 기쁨으로 여러분을 헌신하여 드리십시오. 하나님께서 영적인 분별력을 주실 수밖에 없을 것입니다. 함께 일하시려고요. 기쁨으로 동역자 삼아주시기 위해서 말입니다.

지난 주일 1차로 분립개척하는 예안교회 참여성도 신청을 받았습니다. 36가정 80명이 신청하셨습니다. 이제부터 차근차근 공동체 안에 공동체를 형성하면서 인큐베이팅을 해나갈 것입니다. 이 모든 과정도 하나님이 계획하신 하나님 뜻 가운데 있는 줄 믿습니다. 또한 하나님의 뜻을 구하며 기도로 헌신하는 운정교회 성도들을 통해서 하나님이 일하시는 과정인 줄 믿습니다. 분립하는 과정을 통하여 하나님의 뜻이 파주·운정 지역에 이뤄지길 간절히 기도하며, 하나님 나라 역사를 함께 목도할 수 있기를 간절히 바랍니다.

또한 오늘부터 통일선교 주간입니다. 하나님의 마음을 품고 통일을 위해서 기도하는 주간이죠. 남북통일을 향한 하나님의 뜻은 이미 하나님의 주권 안에 정해져 있는 줄 믿습니다. 다만 그 하나님의 정해진 역사에 기도로 동참하면서 분단된 이 땅에 하나님 나라를 심어내는 복된 사역에 거룩하게 쓰임 받는 우리들이 되길 간절히 바랍니다.

아무것도 변화되지 않는 것 같은 모습 속에서도 하나님께서는 우리의 기도가 채워지는 그 영적인 현장을 바라보시며 지금의 남북의 영적 지형을 바꾸시고, 통일한국의 역사를 오늘도 진전시키고 계실 줄 믿습니다. 그렇게 하늘의 뜻이 이 땅에서도 이뤄지게 하는 '하나님의 기도 동역자'들이 다 되시길 바랍니다.

5장 ||||||||||||||||||||||||

우리에게 일용할
양식을 주시옵소서   마태복음 6:11

11 오늘 우리에게 일용할 양식을 주시옵고

오늘은 주기도문 네 번째 기도 제목이자 우리들의 필요를 구하는 첫 번째 기도입니다. 우리에게 일용할 양식, 먹을 밥을 달라는 기도입니다. 하나님의 이름과 나라와 뜻을 구하는 기도 이후 갑자기 너무나도 차원이 달라진, 수준이 좀 낮아진 기도 제목 같은 느낌이 들 수도 있겠지만 우린 여기서 균형 잡힌 기도를 볼 수 있어요. 왜냐면 기도는 모든 영역에서 하나님과 소통하는 것이기 때문이죠.

두말하면 잔소리이겠지만 하나님을 위한 기도가 중요하다고 하여이 땅의 필요를 가볍게 여기거나 무시해서는 안 됩니다. 우리의 구체적인 필요를 구하면서 하나님 앞에서 눈치 볼 필요는 없다는 말입니다. 다만 하나님을 위한 기도를 먼저 하는 이유는 기도함에 있어서 우리들 마음의 우선순위가 중요하기 때문입니다.

하나님은 누구보다 우리들의 연약함을 아시고 필요를 채워주시길 원하십니다. 우리 아버지이시기 때문입니다. 누구보다 우릴 사랑하시기 때문입니다. 예수님께서도 당시 사람들의 여러 가지 필요를 구체적으로 채우시는 것으로 하나님 나라를 보여주셨습니다. 병든 자, 고통에 빠진 자, 소망 없는 자, 굶주린 자, 죄로 인해 억눌린 자를 자유케 하시고 육신을 고치시고 마음을 회복시키셨습니다. 그런 지극히 인간적인 필요를 채우시는 모습을 통해서 하나님이심을 드러냈고, 하나님 나라를 이 땅에서 미리 맛보게 하셨습니다.

그래서 우리는 우리의 연약함을 드러내고 필요한 것을 구하고 간절한 소원을 담대하게 아뢸 수 있습니다. 물론 하나님이 기뻐하시는 뜻과 계획 안에서요. 먼저 그의 나라와 그의 의를 구하며 아뢰는 소원이라면 더욱 당당하게 자녀의 자격으로 기도할 수 있습니다. 아니 더욱 크게, 많이 구하고 또 구해야 합니다. 왜냐하면 하나님의 뜻 안에서 하는 기도라면 구하면 구할수록 하나님이 당신의 기쁨을 위해 더 많이 채워주실 것이기 때문입니다.

나는 너를 애굽 땅에서 인도하여 낸 여호와 네 하나님이니 네 입을 크게 열라 내가 채우리라 시편 81:10

오늘은 특별히 자녀 됨의 특권을 가지고 이렇게 담대하게 하는 기도를 배우면 좋겠습니다. 오늘의 기도 내용을 보면 당황스러울 만큼 직설적이고 구체적입니다. 2,000년 전 유대 땅에서는 밥을 굶는 사람들이 많았을 것입니다. 우리나라도 6, 70년대만 해도 그랬고요. 그러나 이 자리에 있는 우리는 당장 오늘의 끼니 걱정보다는 다른 걱정거리들이 훨씬 많을 것입니다. 청년들은 안정적인 직장을 구해 경제적으로 독립하는 것이 우선순위일 것이고, 행복한 가정을 이루고 싶어도 결혼하기 힘든 현실이 큰 인생의 장벽으로 다가올 것입니다. 아이들을 키우는 가정에서는 아이 학원비, 다달이 주택 대출금을 상환하는 것 등이 큰 문제일 것입니다. 물론 지금도 하루하루 생계가 어려운 분들도 계시지만 하루 먹을 양식을 구하라는 이 말씀은 어쩌면 현대를 살아가는 우리에게 다소 거리가 먼 기도 제목 같이 들리기도 합니다.

그렇다면 오늘의 양식을 구하는 이 기도는 지금 우리들의 삶에서 구체적으로 어떻게 적용할 수 있을까요? 결론부터 말씀드리면 일용할 양식을 구하는 기도는 사실 저와 여러분의 삶에서 가장 현실적인 기도라 할 수 있습니다. 무엇보다 현대를 살아가는 우리에게 가장 절실히 필요한 기도요, 가장 시급한 기도요, 매일매일 빠짐없이 드려야 할 필수적인 기도입니다. 오늘 그 이유를 살펴보면서 이 기도가 저와 여러분의 하루하루를 살리는 능력의 기도가 되기를 간절히 바랍니다.

하나님은 당신의 백성을 절대로 굶겨 죽이지 않으신다

일용하다는 말은 '날마다 쓰다'라는 뜻이죠. 헬라어로 에피우지오스(ἐπιούσιος)인데 이는 '오늘 필요한', '생존을 위해 필수적인', '다가

오는 다음 하루를 위한'이란 뜻이 있습니다. 그렇다면 우리에게 구하라고 말씀하신 '일용할 양식'은 이 중 뭘 말하는 걸까요? 대부분 학자는 세 번째 견해를 지지합니다. 즉 아침에 기도한다면 다음 날 아침까지, 저녁에 기도한다면 다음 날 저녁까지 다가올 하루에 필요한 양식을 달라는 기도로 봅니다. 그러면 과연 이것이 당장 하루 먹을 양식만을 말하는 걸까요?

'일용할 양식'의 의미는 출애굽 광야에서 내린 '만나'를 통해 그 의미를 제대로 알 수 있습니다.

> 그 때에 여호와께서 모세에게 이르시되 보라 내가 너희를 위하여 하늘에서 양식을 비 같이 내리리니 백성이 나가서 일용할 것을 날마다 거둘 것이라 출 16:4

하나님은 이스라엘 백성에게 그날그날 먹을 만큼 하늘에서 직접 양식을 내려 주셨습니다. 만나는 인류 역사에 전무후무한, 신비한 양식이었습니다. 40년간 안식일을 제외하고 매일매일 내렸어요. 약 200만 명 전체가 한꺼번에 먹어도 모자라지 않았습니다. 하나님은 아무것도 없는 척박한 광야에서도 당신의 백성들이 배부를 만큼 충분히 먹이셨다는 말씀입니다. 다시 말하면 하나님은 절대로 당신의 백성들을 굶겨 죽이지 않으신다는 말씀입니다.

우리는 우리를 오늘까지 굶어 죽지 않도록 하루하루 채워주시고 살게 하는 분이 누구인지 기억해야 합니다. 누구입니까? 우리 아버지 하나님이십니다. 숨 쉴 수 있는 공기와 생명 유지에 필수적인 물. 우리 인간은 공기와 물을 만들어 낼 수 없습니다. 우리의 먹거리인 곡식, 채소, 어류, 육류 등. 물론 돈만 주면 살 수 있지만, 곡식이 자라고 어류와 육류가 살 수 있도록 땅과 바다, 계절을 있게 하는 분은 하나님이십니다. 그런 토대 위에 인간의 노동력이 들어간 부분에 대해 우리가 돈을 주고 사 먹고 있는 것입니다. 하나님이 지금도 나를 먹여 살리고 계시고 내 생명을 붙잡고 계시는 것입니다. 생명의 주인은 하나님이십니다.

일용할 양식을 달라는 이 기도는 기독교인들이 너무나도 당연하고 익숙해서 순간순간 잊고 사는 사실에 대하여 다시금 입술로 고백하게 하는 기도입니다. '나는 하나님이 주시는 은혜가 아니면 오늘 하루도 살 수 없는 존재입니다.'라는 고백 말입니다. '내가 일을 잘해서 먹고사는 게 아니라 하나님이 오늘도 나에게 생명 주시고 물질 주시고 양식도 주셔서 우리 가족이 죽지 않고 살아갑니다. 그러니 세상 것 의지하지 않고 오늘 하루도 주님만 의지하며 살겠습니다.'라는 고백 말입니다. 이것이 크리스천 신앙의 기본값(디폴트)인 겁니다. 이런 고백으로 하루를 시작하고 하루를 닫는 자가 진짜 성도입니다.

보물을 하늘에 쌓는다는 의미는?

만나가 가지고 있는 가장 큰 특징은 뭘까요? 유통기간이 하루라는 것입니다. 그 이상 쌓아두면 썩고 벌레가 생깁니다. 내일 피곤할 것 같아 오늘 많이 거두면 썩고 벌레가 생기지요. 하루하루 거두는 것이 만나의 핵심입니다. 단 안식일 전날에 거두는 것은 그 다음날까지 썩지 않아요.

> 내일은 휴일이니 여호와께 거룩한 안식일이라 너희가 구울 것은 굽고 삶을 것은 삶고 그 나머지는 다 너희를 위하여 아침까지 간수하라 그들이 모세의 명령대로 아침까지 간수하였으나 냄새도 나지 아니하고 벌레도 생기지 아니한지라 출 16:23~24

이는 안식일에는 생존을 위해 일하지 말고 온전히 하나님만 기억하고 예배하는 데 집중해라. 생존은 누가 책임진다? 내가 직접 책임지신다는 말씀입니다. 출애굽의 만나가 단순한 먹을거리 이상의 의미가 있다는 것이 바로 이것을 말하는 겁니다. 우리의 생존을 가능케 하는 것은 하나님이 주시는 '신령한 양식'이라는 겁니다. 하나님의 자녀라면 세상의 생존방식이 아니라 하나님이 알려주시는 그 생존방식을 따라야 한다는 말입니다.

그렇다면 하나님이 알려주시는 '생존방식'은 뭘까요? 한마디로 말하면 '하나님보다 더 의지할 만한 것들을 네게 두지 말라.'는 것입니다. 적어도 신앙의 관점에서 볼 때 스스로 안전을 확보하려고 하는 것은 하나님을 대신할 수 있다는 겁니다. 우상이 다른 게 아니라, 그게 우상입니다. 이건 '너는 나 외에 다른 신을 네게 두지 말지니라.'라는 십계명과도 연결됩니다.

사실 솔직하게 인정해야 합니다. 우리는 가진 게 많으면 많을수록 하나님을 덜 찾습니다. 때론 하나님을 잊기도 합니다. 삶의 안전감이 확보되면 확보될수록 안타깝지만, 하나님을 찾는 일에 소홀해지고 절실함도, 간절함도 사라지기 쉽습니다. 한 번 되돌아보세요. 하나님 앞에서 간절했던 때는 어떤 때였습니까? 지금도 여전히 그 간절함과 갈급함으로 매일 하나님을 찾고 계십니까? 그렇다면 잘하고 계신 겁니다.

그러나 우리는 모두 화장실 갈 때와 나올 때 마음이 다릅니다. 하나님은 우리 인간이 스스로 열심히 모으고 쌓는 만큼 하나님 당신과 멀어지는 속성을 잘 알기 때문에 한꺼번에 넉넉하게 확보해두라 하지 않고 매일 아침 성실하게 거두라고 말씀하신 겁니다. 우리가 하루하루 하나님의 은혜로만 사는 존재라는 걸 일깨우고 강조하는 것입니다. 하나님의 자녀답게 하나님만 의지하면서 살아내라는 겁니다. 이것이 세상 사람들과 구별되는 성도들의 생존방식입니다.

반대로 하나님을 믿지 않는 사람들은 어떻습니까? 하나님 대신 자기가 생존을 책임지고 안전을 확보하려니 얼마나 피곤합니까? 돈이 되는 일이라면 타인의 삶이야 어떻게 되든 수단 방법을 가리지 않습니다. 그러기 위해서 권력을 이용하고 명성도 이용하고 사람도 이용합니다. 그러다가 어느 순간 확보된 안전을 잃어버리면 삶의 뿌리가 흔들리면서 인생이 무너집니다. 그때부턴 헤어 나오지 못할 절망에 인생을 끝내버리기까지 합니다. 이것이 하나님 없는 사람들의 비극적인 생존방식이지요. 예수님은 그런 방식으로 사는 자들에게 이렇게 경고하셨습니다.

> 하나님은 이르시되 어리석은 자여 오늘 밤에 네 영혼을 도로 찾으리니 그러면 네 준비한 것이 누구의 것이 되겠느냐 하셨으니 눅 12:20

그래서 예수님은 또 이렇게 말씀하십니다.

> 오직 너희를 위하여 보물을 하늘에 쌓아 두라 거기는 좀이나 동록이 해하지 못하며 도적이 구멍을 뚫지도 못하고 도적질도 못하느니라 마 6:20

세상에 보물을 놔두면 도둑이 훔쳐 가고 시간이 지나면 썩지만, 하늘에 쌓은 보물은 영원히 남는 보물입니다. 그러니 썩어질 세상에 쌓지 말고 하나님께 쌓아두라는 말씀 아닙니까? 바로 이것이 크리스천이 이 땅에서 살아가는 방식이어야 한다는 말입니다. 이건 경제적인 영역에서도 그렇고 영적인 영역에서도 그렇습니다. 자신을 위해 뭔가 쌓으려고 노력할 게 아니라 하나님이 우리에게 맡겨주신 목적에 맞게 모으기도 하고 또 적극적으로 흘려보내기도 하면서 살라는 말씀입니다.

그렇다고 모으고 쌓는 것. 소위 저축이나 투자를 해서는 안 된다고 말하는 게 아닙니다. 재테크나 경제 활동 자체를 부정하거나 반대하는 게 결코 아닙니다. 다만 그 목적과 방식이 자신의 이윤을 축적하는 것에 있다면 그로 인해 축적된 경제적인 부유함은 축복이 아니라 우상이 될 수 있다는 점을 말하는 겁니다. 내게 있는 모든 것이 내 소유가 아니라 하나님이 우리에게 잠시 맡기신 하나님의 소유입니다. 크리스천에게 있어서는 잘 모으는 것도 물론 중요하지만, 하나님의 목적대로 잘 쓰는 것이 더 중요합니다.

그래서 지혜자 아굴은 이렇게 간구하지요.

나로 가난하게도 마옵시고 부하게도 마옵시고 오직 필요한 양식으로 내게 먹이시옵소서 잠 30:8

아울러 이 간구에는 '주님! 없는 것도, 많은 것도 연약한 내게는 시험이 될 수 있습니다. 그러니 필요한 만큼만 채워주옵소서. 주님만 의지하며 살겠습니다.' 이런 고백의 의미도 담겨 있는 것입니다.

'제게 주신 것들을 저를 위해 쌓아두지 않겠습니다. 주님이 제게 맡긴 것이오니 주님이 원하시는 곳을 찾아 흘려보내겠습니다.' 이런 태도가 바로 크리스천들이 가져야 할 경제적인 삶의 방식입니다. 영적인 삶의 방식도 마찬가지입니다. 영적 양식도 만나처럼 매일 먹어야 합니다. 그리고 먹기만 하는 게 아니라 기초를 잘 다진 후에는 흘려보내야 합니다. 주일학교 교사도 하고 일대일 양육도 하고 소그룹 리더도 하고 목자도 하며 흘려보내야 합니다.

가끔 이런 분들 계시죠. 받은 은혜를 나눌 때마다 30년 전 부흥회 때 받은 은혜, 그때 만난 하나님이 끝인 분이 계십니다. 매일 새롭게 만나는 하나님, 말씀의 은혜가 없습니다. 우리의 신앙이 5년 전, 10년 전, 30년 전에 은혜받은 신앙에 머물러 있으면 곤란한 것 아닙니까? 반면에 늘 배우기만 하고 그 배움을 나누지 않으면 곤란한 것 아닙니까?

제가 북한을 위해서 기도할 때마다 하나님께서는 '계속 멈추지 말고 좀 더 낮은 곳으로 가라.'는 마음의 감동을 주십니다. 그 낮은 곳이 어디인지는 계속 여쭤봐야 할 것 같지만 저에게 도전하고 인도하시는 음성입니다.

또한 예안교회를 위해서 기도할 때마다 '내가 내 교회를 세워간다. 네가 할 일은 마음껏 성도들을 축복하는 일이다.'라는 마음을 주십니다. 저도 연약한 목사여서 분립이 기쁘고 즐거우면서도 순간순간 예상치 못한 일들로 솔직히 속상할 때도 많습니다. 마음을 지켜야 하는 순간들이 있습니다. 그런데 그때마다 이런 만나 같은 말씀 아니면 목회 방향을 잃고 순간순간 넘어질 수밖에 없어요. 그래서 우리는 모두 '오늘의 은혜'를 구해야 합니다. 이것이 저와 여러분의 영적인 생존방식입니다.

어제 베푸신 은혜로 어제를 살았고 오늘의 말씀으로 오늘을 사는 겁니다. 이것이 만나에 담긴 본질적인 의미 아니겠습니까?

> 예수께서 대답하여 이르시되 기록되었으되 사람이 떡으로만 살 것이 아니요 하나님의 입으로부터 나오는 모든 말씀으로 살 것이라 하였느니라 하시니 마 4:4

주님이 매일 직접 지어주시는 따뜻한 밥상. 말씀의 밥상을 먹고 마시며 영적인 생기를 잃지 않는 운정의 모든 가족이 되길 간절히 바랍니다.

서로를 위해 일용할 양식을 구하는 공동체

얼마 전에 목사님들과 '선교적 교회' 콘퍼런스에 다녀왔습니다. 아침 9시부터 저녁까지 9시까지 선교학 공부도 하고 예배도 드렸습니다. 오랜만에 수련회를 하니 몸도, 마음도, 머리도 뜨끈뜨끈해지는 시간이었습니다. '선교적 삶'을 나누는 순서 중 한 목사님이 하신 말씀이 뇌리에 새겨져 가시질 않습니다.

20대부터 캠퍼스에서 믿지 않는 청년들에게 복음을 전하는 사역을 했던 그 목사님은 다른 방법이 딱히 없어서 자기 집에서 함께 먹고 자며 공동체를 이루어 제자훈련을 했습니다. 심지어 신혼 때에도 늘 15~20명까지, 짧게는 6개월에서 1년 동안 함께 살면서 삶으로 복음을 전했습니다. 그러다 보니 집이 작은 교회가 되었습니다. 점점 사람이 많아지게 되면서 집이 좁아지자 유튜브로 목조건축을 배워 집까지 지었습니다. 함께 살던 청년들이 나이를 먹으니 결혼을 했는데 그 뒤에도 계속 함께 살면서 아이들이 생겨 자연스럽게 어린이집도 운영하게 되고, 그렇게 10년 넘게 교회를 세워왔다는 이야기였습니다.

그 목사님은 그렇게 사는 것은 너무 피곤하니까 여러분은 절대로 그렇게 하면 안 된다고 말씀하셨는데 듣는 우리들에겐 '이것이 선교적인 삶으로 세우는 교회가 아니겠습니까?'라는 말로 들렸습니다.

마지막에 토의 진행자가 "목사님 말씀을 들어보니 목회자로서 가족의 생계나 노후 계획은 전혀 없는 것 같은데 대책이 있습니까?"라는 질문을 던졌습니다. 그런데 이렇게 대답하셨습니다.

"성경에 보면 주기도문에 일용할 양식을 구하라고 하시는데 어디를 봐도 다른 말씀이 없더라고요. 노후를 위해서, 안정적인 생활을 위해서 네가 뭔가를 준비해라! 그런 말씀이 있으면 좋겠는데, 없어요. 다만 저는 지금 이런 생각이 듭니다. 저는 저와 함께하는 그 누군가를 절대로 굶기지 않을 거고 내가 혹시 나중에 나이 들고 힘들고 굶을 일이 생긴다면 얘네들이 나를 굶길 것 같진 않다는 생각이요."

이것이 예수 안에서 한 몸 된 공동체의 모습 아닐까요? 어떤 조직적인 힘으로 세련된 교회를 세우는 게 아니라 '너희가 서로 사랑하면 너희가 내 제자임을 알리라.' 하신 예수님의 말씀처럼 하나님의 자녀답게 서로 사랑하며 사는 것 자체에 강력한 힘이 있어 그것으로 저절로 선교가 되지 않겠습니까? 함께 웃고 함께 울며 서로를 위해서 '일용할 양식'을 구하는 공동체성이 살아있기만 한다면 이미 그 안에 하나님이 원하시는 모든 정답이 들어 있지 않겠습니까?

바로 오늘 드리는 주기도문이 이런 성도들의 기도인 겁니다. 일용할 양식을 달라고 하는데 누구에게 달라고 기도합니까? '우리'에게 달라고 기도합니다. '오늘 우리에게 우리의 일용할 양식을 주시고' 헬라어 원문을 보면 '우리'가 두 번이나 반복적으로 강조됩니다. 오늘이 기도는 자기가 먹을 양식을 구하는 게 아니라 내가 속한 공동체에서 나에게 사랑하라고 붙여주신 사람들의 아픔과 고통과 결핍을 내일처럼 여기면서 구하라는 말씀입니다. 그렇게 서로를 위해서 함께 기도할 때 하나님이 그 공동체를 사랑으로 통치하시고 천국을 맛보게 하실 것이라는 약속입니다. 이것이 우리가 공동체로 하나님 나라를 사는 생존방식입니다.

그렇게 '서로의 일용할 양식을 구하는 공동체'를 통해서 하나님이 그곳에 하나님 나라를 세우시고 그들을 통해 하나님 뜻을 세상에 흘려보내겠다는 말씀입니다. 그래서 우리는 이 기도를 매일 드려야 하고 특별히 교회가 함께 드려야 하고 말로만 하는 게 아니라 사랑을 실천하면서 드려야 하는 것입니다.

그래서 일용할 양식을 구하는 기도는 우리에게 절실히 필요한 기도입니다. 하나님 없이 내 힘을 의지해 살아가는 교만한 우리를 깨우는 기도이자 모으고 쌓는 일에 바빠서 주변을 돌아보지 못하고 주위 사람들에게 무관심했던 이기적인 우리를 깨우는 기도입니다. 먹고 사는 일에 매몰되어 하나님께 의지하는 법을 잊어버린 우리를, 조용히 다시 주님께로 끌고 오는 기도입니다.

Rose Bowl
Aquatics Center
한여름...
뜨거운 태양을 내려쬐는...
팜트리그늘 속에 앉은
여유의 쉼터...
2018.07.25
수영터
시원 302
병이를 기다리며...

6장 |||||||||||||||||||||||||

용서하며
살게 하소서

마태복음 6:12

12 우리가 우리에게 죄 지은 자를 사하여 준 것 같이

우리 죄를 사하여 주시옵고

천주교의 한 고전 가운데 분노를 다스리는 방법에 이런 내용이 나옵니다.

> 나와 똑같은 사람과 싸우는 것은 위태롭고
> 나보다 강한 이와 다투는 것은 미친 짓이며
> 나보다 약한 이와 싸우는 것은 부끄러운 일이다.
>
> 그러므로 너를 해친 사람이
> 너보다 약하다면 상대를 용서해주는 것이 옳고
> 너보다 강하다면 너 자신을 용서하는 것이 맞다.
> 서로 비슷할 경우에는 서로 용서해주어야 한다.

용서란 우리가 살면서 가장 중요한 일이면서 동시에 가장 하기 힘든 일이기도 합니다. 어느 정도 넘어가 주고 용서하는 건 가능하겠지만 용서치 못할 상처와 고통을 준 이를 용서한다는 것은 다짐만으로는 힘든 일이죠. 오늘 주기도문은 바로 이 용서에 대해 기도할 것을 가르쳐주고 있습니다.

주기도문의 간구는 총 6가지입니다. 앞의 세 가지는 하나님을 위한 기도, 뒤의 세 가지는 우리를 위한 기도입니다. 지난 시간 우릴 위한 기도 중 첫 번째로 '일용할 양식'에 대해 말씀을 나누었습니다. 요약하면 성도들이 세상을 살아가는 '생존방식'은 우리 스스로 안전망을 마련하는 삶이 아닌 생명을 주관하시는 하나님만을 온전히 의지하는 삶이었습니다.

오늘은 두 번째로 하나님의 백성들이 어떻게 관계를 맺으며 살아야 할지 '관계 맺는 방식'을 알려주는 기도입니다. 바른 관계를 맺으며 살기 위해선 '용서'가 필요하니 이 '용서'를 위해서 기도하라고 하십니다. 용서는 주님께 구하지 않고서는, 주님이 주시는 마음이 아니면 우리 스스로 절대로 할 수 없는 것이기 때문입니다.

용서는 우리 스스로 할 수 있는 게 아니다

예수님은 '주기도문'을 가르쳐 주시기 전에도 용서에 대해 말씀하신 적이 있습니다. 대표적인 것이 '너희 원수를 사랑하라.'라는 말씀 아닙니까? 그런데 이 용서의 문제는 우리가 스스로 해결할 수 있는 게 아닌 줄 아셨기에 주기도문을 통해서 다시 가르쳐주시는 겁니다.

우리가 우리에게 죄지은 자를 사하여 준 것 같이 우리 죄를 사하여 주시

옵고 마 6:12

오늘 본문은 죄를 없이해달라고 간구하는 기도입니다. 이 문장은
언뜻 보면 조건절처럼 보입니다.

> 다른 사람들이 내게 범한 죄를 내가 용서해 주었으니, 주님
> 도 나의 죄를 용서해 주세요.

우리말 성경의 문장을 보면 그렇게 보이는데, 용서가 조건적으로
되는 것일까요? 이 문장은 조건처럼 보이지만 실제 원문을 직역해서
풀어쓰면 다음과 같습니다.

> 하나님께로부터 죄를 용서받은 것처럼 우리도 그렇게 살겠
> 습니다.

다른 말로 하면 이렇게 말할 수 있습니다.

> 우리가 하나님께로부터 큰 빚을 탕감받은 것처럼 우리도
> 우리에게 빚진 자들의 빚을 탕감해주면서 살겠습니다.

이 말씀은 내가 다른 사람들을 용서했으니 나를 용서해달라고 자

격을 내세워서 요청하는 것이 아니라 나도 하나님으로부터 용서받았으니 나도 용서하면서 살도록 도와달라는 간구입니다. 하나님의 도움 없이는 용서할 수 없는 존재임을 고백하는 기도인 겁니다.

우리는 먼저 여기서 말하는 죄에 대해서 정확하게 이해할 필요가 있습니다. 이 죄는, 결론부터 말하면 구원받기 위해 해결되어야 할 아담의 원죄가 아니라 매일 일상의 삶에서 인간의 연약함 때문에 발생하는 '여러 가지 죄'를 말합니다. 성경에서 말하는 죄에는 크게 두 종류가 있는데 그것을 잘 보여주는 이야기가 요한복음에 나옵니다.

예수께서 이르시되 이미 목욕한 자는 발 밖에 씻을 필요가 없느니라 온 몸이 깨끗하니라 요 13:10

목욕해서 깨끗하다는 것은 이미 그리스도 안에서 구원받은 것을 말합니다. 발이 더러워진다는 것은 구원은 받았지만, 매일의 일상에서 발생하는 죄들을 말합니다. 즉 구원받은 하나님의 자녀들은 매일 삶 속에서 발생하는 일상적인 죄의 문제들만 씻으면 된다는 말씀입니다.

그러니 '주님 저는 죄인입니다. 구원하여 주시옵소서.'라고 하는 기도는 엄밀히 말하면 잘못된 기도입니다. 하나님은 '내가 너를 이미 구원했노라.' 하시는데 계속 '주님. 구원하여 주시옵소서, 구원하여 주시옵소서.'라고 한다면 하나님이 얼마나 답답하시겠어요? 하나님의 자녀다운 삶을 방해하는 여러 죄악의 문제들을 솔직히 주 앞에 내려놓고 죄를 미워하고 계속 돌이키는 것. 이것이 '발을 씻는 회개'입니다.

성경에서 '죄'를 말할 때 주로 쓰는 단어는 '하마르티아(ἁμαρτία)'인데 '과녁에서 벗어난다.'는 뜻이죠. 이건 하나님을 떠난 죄를 말합니다. 그런데 이 본문에서는 하마르티아가 아니라 다른 단어인 '오페일레마(ὀφείλημα)'를 쓰고 있습니다. 이 단어는 빚진다고 할 때 쓰는 '빚'이라는 단어입니다. 정확히는 '빚들'이라는 복수입니다. 그러니 본문을 풀어서 설명하면 우리가 살아가는 삶에서 매일 벌어지는 죄의 문제들, 즉 좀 더 구체적으로 말하면 '갚아야 할 빚들처럼 용서하고 용서받는 일'에 대해 말하고 있는 겁니다.

순간순간 발생하는 우리들의 죄의 문제들, 함께 살아가는 사람들 사이에서 발생하는 관계의 문제, 갈등으로 인한 미움과 분노와 격정의 감정적인 문제들이 생겨날 때, 그때마다 이 문제가 더 큰 상처가 되지 않도록 용서하고 화해함으로써 선한 관계를 위해서 힘써야 한다는 말입니다. 이렇게 '매일 용서를 위해서 기도하라.'라는 겁니다. 반드시 갚아야 할 빚처럼 반드시 해결해야 할 관계의 문제를 두고 우리 모두 주님께 기도로 나아가는 사람들이 되면 좋겠습니다.

무조건적인 용서가 꼭 좋은 것은 아니다

성경적인 용서를 말할 때 오해해서는 안 되는 점이 있어요. 너무 용서하는 측면만을 강조하는 것이죠. 왜 피해당한 측만 용서하기를 강요받아야 하는 겁니까? 화해가 필요하다고 해서 무조건 용서해야 합니까? 사실 용서는 누군가 옆에서 권면한다고 강요한다고 해서 될 문제가 아닙니다. 누군가로부터 피해당하고, 모함당하고, 사랑하는 사람을 잃는 등 자신의 모든 것을 송두리째 앗아간 원수를 용서한다는 것은 피해 당사자들에겐 피눈물 나는 고통스러운 문제입니다.

제가 청년 때 일입니다. 안산에서 누님과 단둘이 살 때였는데, 누님이 주일날 예배 마치고 집에 오던 중 교회 앞 큰 사거리에서 교통사고가 났습니다. 음주운전 차량이 신호위반을 하면서 속도를 줄이지 않고 옆에서 받은 겁니다. 누님 차량이 반대편까지 튕겨 날아갔고, 차는 폐차가 된 큰 사고였습니다. 너무나도 감사하게 누님은 목숨을 건졌습니다. 뼈도 상하지 않고 기적처럼 살았지만 큰 충격 때문에 몇 개월간 병원에 입원해서 꼼짝도 하지 못했습니다.

사고를 낸 사람은 사고 당일은 100% 자기가 잘못했다고 하더라구요. 그래서 다른 조치 없이 보험사 부르고 병원에 입원해 있는데 다음날 되니까 말을 완전히 바꾸는 겁니다. 오히려 누님이 잘못했다는 겁니다. 그때부터 20대 청년이 홀로 감당하기엔 혹독한 시련이 시작되었습니다. 목격자를 찾으러 돌아다니고, 경찰서를 몇 번을 들락날락했는지 몰라요. 그래도 처리가 안 되는 겁니다. 나중에 안 사실이지만 보험회사, 택시회사가 이미 경찰에 다 손을 써놨더라고요.

너무 억울한 상황을 혼자 겪으면서 안 되겠다 싶어 교회 형님에게 도와달라고 부탁했는데 그 형님이 하는 말이 뜬금없이 "용서하자"라는 겁니다. 우리가 믿는 자니까 무조건 용서하자고요. 누님은 병원에 누워만 있고 모든 법적 책임을 다 뒤집어쓰게 됐는데, 믿는 자니까 억울해도 용서하자고요. 동의도 안 되고 납득도 안 되고 그때 너무 화가 나더라고요. 누가 용서하기 싫어서 그럽니까? 그건 용서의 문제가 아니잖아요. 그것이 성경적인 용서입니까? 저는 지금도 그렇게 생각하지 않습니다. 용서는 제삼자가 피해자에게 먼저 꺼낼 이야기는 아닙니다. 당사자가 할 말이죠.

용서를 주제로 한 영화 가운데 '오늘'이라는 영화가 있습니다. 줄거리를 짧게 말씀드리면 주인공 생일에 안타깝게도 약혼자가 오토바이 뺑소니사고로 죽게 됩니다. 너무 고통스러웠지만 '용서해주면 행

복해질 거야.'라는 생각으로 뺑소니 사망사고를 낸 소년을 용서해주
죠. 그런데 1년 후에 용서라는 주제로 다큐멘터리를 찍던 중에 주인
공은 큰 충격에 빠지게 됩니다. 왜냐하면 자기가 용서해줬던 그 소년
이 이후에 살인죄를 저지른 걸 알았기 때문입니다. 그때 한 형사가
"대책 없는 용서는 죄악입니다."라는 말을 합니다.

또 영화 중 이런 대사가 있습니다. "사과도 안 받고 한 용서? 그거
가짜잖아." 2011년 영화인데요. 이 영화는 용서라는 것이 우리에게
얼마나 어려운 일인지 사죄 없는 용서가 얼마나 위험한 건지 잘 보여
줍니다. 많은 생각을 하게 하는 내용 아닙니까? 용서해야죠. 그런데
죄를 그냥 덮어두고 무조건 용서하는 것이 과연 성경적인 용서 맞습
니까?

하나님이 우리를 대책 없이 용서하셨을까요? 헷갈려서는 안 됩니
다. 용서한다는 것과 죄 문제를 가볍게 여기고 무시하는 것은 완전
히 다른 겁니다. 그렇습니다. 예수님은 십자가에서 조건 없이 우릴 용
서하셨죠. 그런데 그 용서가 효력이 발생하는 건 무엇 때문입니까?
그 십자가에서 우리의 죄를 대신 짊어지신 예수님과 함께 죄에 대하
여 죽는 처절한 회개가 필요한 겁니다. 예수님을 삶의 주인으로 고백
한다는 건 '이제부터는 죄에 대하여 죽고 의에 대해서 다시 살겠습니
다.'라고 고백하는 그 '믿음'에 의한 것 아닙니까?

우리는 구원을 공짜로 받았지만, 엄밀히 말하면 그건 공짜가 아닙니다. 예수님이 대신 죗값을 치르고 받은 구원입니다. 그렇다면 철저히 회개해야죠. 철저한 회개를 통해 십자가의 용서가 나를 살리는 용서가 될 수 있는 겁니다. 그래서 용서는 누군가의 강요로 되는 일이 아닙니다. 은혜가 필요한 겁니다. 용서하는 것도 용서받는 것도 그 유일한 근거가 예수 그리스도의 십자가의 은혜를 근거로 용서하고 용서받아야 진정한 화해가 이뤄진다는 것입니다.

> 그가 찔림은 우리의 허물 때문이요 그가 상함은 우리의 죄악 때문이라 그가 징계를 받으므로 우리는 평화를 누리고 그가 채찍에 맞으므로 우리는 나음을 받았도다 사 53:5

예수께서 십자가에서 달려 죽으심으로 우리의 죄는 씻어졌고 예수님이 고통을 당하심으로 우리는 고침 받고 나음을 받았습니다. 그리고 영원한 생명을 받았습니다. 우리가 이것을 무엇으로 갚을 수 있겠습니까? 갚으려야 갚을 길 없는 용서를 받았습니다. 그것이 십자가 은혜인 겁니다. 우리가 탕감받은 그 용서의 크기를 생각하면 우리에게 용서치 못할 사람이 누가 있겠느냐는 말씀입니다.

용서의 핵심, 불쌍히 여기기

마태복음 18장을 보면 베드로가 예수님께 용서에 관해 묻습니다.

> 그 때에 베드로가 나아와 이르되 주여 형제가 내게 죄를 범하면 몇 번이나
> 용서하여 주리이까 일곱 번까지 하오리이까 예수께서 이르시되 네게 이르
> 노니 일곱 번뿐 아니라 일곱 번을 일흔 번까지라도 할지니라 마 18:21~22

일곱 번을 일흔 번까지라도 용서하라고 하십니다. 7×7×10. 세 번의 완전수는 완전한 용서를 말씀하시는 겁니다. 우리에게 완전한 용서가 가능할까요? 이 말은 어쩌면 우린 절대로 용서할 수 없는 존재임을 반증하는 말일 겁니다. 용서는 우리 결코 손에 있지 않습니다. 오직 주님의 은혜로만 가능합니다.

예수님은 이 말씀에 이어서 다른 이야기를 해주십니다. 바로 빚을 탕감받은 사람 이야기입니다. 내용은 이렇습니다. 한 사람이 일만 달란트를 임금에게 빚졌는데 임금님이 그가 다 갚을 수 없는 것을 보고 불쌍히 여겨서 탕감해줍니다. 그런데 그 탕감받은 사람이 나가다가 자기에게 100데나리온 빚진 자를 만납니다. 그 사람 멱살을 잡고 빚 갚으라고 하다가 못 갚으니까 감옥에 넣어요. 이 사실을 안 임금이 분노하여 그 사람도 감옥에 넣는다는 이야기입니다.

빚진 돈의 액수가 감이 잘 안 올 수 있는데 일만 달란트가 얼만지 아십니까? 한 사람이 하루에 10만 원씩 번다면 16만 년 일해야 갚을 수 있는 돈입니다. 약 6조 원. 한마디로 개인이 무슨 일을 해도 갚을 수 없는 돈을 말합니다. 그런데 100데나리온은 1,000만 원 정도 됩니다. 그러니까 6조 원을 탕감받은 자가 1,000만 원을 탕감해주지 않는 겁니다. 이 이야기는 이렇게 마무리됩니다.

내가 너를 불쌍히 여김같이 너도 네 동료를 불쌍히 여김이 마땅하지 아니하냐 너희가 각각 마음으로부터 형제를 용서하지 아니하면 나의 하늘 아버지께서도 너희에게 이와 같이 하시리라 마 18:33~35

이 사람이 왜 잡혀 들어갔습니까? 빚을 갚지 않아서요? 사랑을 베풀지 않아서요? 아닙니다. 자기가 받은 은혜를 기억하지 않아서입니다. 바로 이것이 예수님이 말씀하시는 '용서의 핵심'입니다. '내가 너희를 불쌍히 여긴 것 같이 너희도 서로 불쌍히 여기면서 살아라.'라는 말씀입니다.

용서의 첫걸음은 불쌍히 여기는 겁니다. 용서는 불쌍히 여기는 것부터 하나씩 하나씩 시작하는 것입니다. 혹시 마음에 불편한 사람 있습니까? 용서되지 않는 분들 많이 계시지요? 생각조차 하기 싫은 사람이 있습니다. 우리 마음에 '불쌍히 여기는 마음'을 달라고 구할 수 있기를 간절히 바랍니다. 기도는커녕 그 사람을 생각하는 것조차 싫었다면 그 사람의 행위나 성품을 인정하지는 않을지라도, 용서하는 것까지는 아니어도 불쌍히 여기는 마음은 가능하지 않겠습니까? '하나님 그 인간 얼마나 불쌍합니까? 하나님. 그 사람 보면서 주님 마음은 얼마나 더 아프십니까? 더 슬프십니까?' 이런 고백은 할 수 있지 않겠습니까?

바로 이 부분이 용서하는 기도에 담겨 있는 비밀 같은 축복입니다. 우리가 상한 관계를 회복하기 위해서 '불쌍한 마음'을 품고 기도할 때 우리 마음의 시선은 그 대상을 떠나서 하나님께로 향합니다. 우리가 누군가를 불쌍히 여기면서 기도할 때 그 사람을 묵상하지 않고 그 사람을 바라보시는 하나님을 묵상하게 된다는 말씀입니다.

그런 의미에서 볼 때 '용서'는 누굴 위해서 하라고 하는 걸까요? 용서받는 대상이 아니라 용서하는 입장인 우리를 위해서 주시는 말씀입니다. 용서하지 못한다는 건 어찌 보면 마음에 계속 두고 떠나보내지 못하는 거 아닙니까. 매일 회복되지 않는 고통스러운 관계를 가슴에 안고 묵상하면서 사는 건데, 용서한다는 것은 그 사람을 더 이상 짐이 되지 않도록 떠나보내는 것을 의미하는 겁니다.

우리의 고백이 이런 고백이 되면 좋겠습니다.

주님. 갚으려야 갚을 수 없는 그 은혜를 기억하면서 나도 주님처럼 불쌍히 여겨보겠습니다. 예수님 닮은 용서를 흉내내보겠습니다. 그러니 도와주시옵소서.

주님. 용서치 못할 그 사람을 묵상하지 않고 주님을 묵상하며 살겠습니다.

주님이 나를 용서하신 것처럼 나도 누군가를 용서하며 살게 하소서.

지난 시간 일용할 양식을 구하는 기도가 우리의 '생존방식'을 위한 기도였다면 오늘 용서를 구하는 기도는 하나님 자녀들의 '관계에 대한 기도'였습니다. 오늘 이 기도를 통해서 우리 자신이 용서를 구해야 할 사람을 떠올리고, 또 용서해야 할 사람을 떠올리는 한 주가 되면 좋겠습니다.

가능하면 우리가 용서를 구할 사람을 떠올려 보고 그 사람에게 먼저 용서를 구하면 좋겠습니다. 누군가를 용서하기 전에 우리가 누군가에게 잘못한 것이 있는지 먼저 생각해 보고 그에 대해 먼저 용서를 구하는 것이 합당한 순서가 아닐까 합니다. 용서를 구하기 위해선 용기가 필요합니다. 용서를 구할 용기를 달라고 기도하면 좋겠습니다.

그런 후에 우리가 용서할 사람, 떠올리기도 싫은 그 사람을 불쌍히 여길 수 있게 해달라고 기도하는 한 주가 되면 좋겠습니다.

그렇게 주기도문을 통하여 조금씩 조금씩 성령께서 회복시켜 주시는 '관계 회복의 은혜'가 우리 모두에게 가득 넘치길 바랍니다.

Malibu creek 쉼터찾기 - 말없이 머리없는 그늘로 쉬게 주다... 2015.08.04 mmo

악에서
구하옵소서

마태복음 6:13

13 우리를 시험에 들게 하지 마시옵고 다만 악에서 구하시옵소서

(나라와 권세와 영광이 아버지께 영원히 있사옵나이다 아멘)

테스트로서의 시험, 잘 통과하면 얻는 유익은?

오늘은 주기도문 6가지 간구 가운데 마지막 간구입니다. 여러 번 이야기하지만, 주기도문의 앞의 세 가지 기도는 하나님을 위해 드리는 기도입니다. 주님의 이름이 높아지고, 주님의 나라가 임하고, 주님의 뜻이 이뤄지길 구하는 기도였습니다. 그리고 뒷부분 세 가지는 우리를 위한 기도로 첫 번째는 일용할 양식을 구하는 기도, 즉 크리스천의 생존방식을 위한 기도, 두 번째는 성도들의 관계에 대한 기도였습니다.

이제 마지막으로 '영적인 선쟁'에 필요한 기노를 알려주십니다. 쉽게 말하면 첫째는 육신의 삶을 위해서, 둘째는 관계를 위해서, 셋째는 영적인 삶을 위해서 기도하라는 말씀입니다. 시험에 들지 않도록 기도하는 이 기도를 통해서 유혹들로 가득한 이 세상 속에서 하나님의 자녀답게 기도로 승리하며 살아가라는 말씀입니다.

오늘 본문입니다.

우리를 시험에 들게 하지 마시옵고 다만 악에서 구하시옵소서 마 6:13a

본문의 '시험'이라는 단어는 헬라어로 페이라스모스($\pi\epsilon\iota\rho\alpha\sigma\mu\text{o}\nu$)입

니다. 이 단어에는 두 가지 의미가 있습니다. 하나는 말 그대로 시험(Test), 훈련(Training)이라는 뜻이고 또 하나는 유혹(temptation)이라는 뜻입니다. 우리말의 시험과 똑같습니다. 테스트하는 시험이 실력을 검증하고 모르는 걸 알게 하고 성장케 하는 과정이라면, 유혹(템테이션)하는 시험은 사람을 넘어지게 하는 것입니다.

F.B. 마이어라는 신학자는 이렇게 말합니다.

"하나님은 우리를 오르게 하기 위해 시험(Test)하시지만
사탄은 우리를 내려가게 하기 위해 시험(Temptation)한다."

하나님은 모리아산에서 아브라함을 시험은 하셨지만 유혹하지는 않았습니다. 에덴동산에서 뱀은 어땠습니까? 아담과 하와를 유혹해서 넘어지게 했습니다. 다윗은 사울이라는 강력한 테스트는 잘 이겨 냈지만, 밧세바라는 달콤한 유혹 앞에서는 넘어졌습니다. 베드로는 물 위를 걸어오라는 믿음의 테스트에는 성공했지만, 물 위를 걸어갈 때 물 위를 이는 풍랑을 보고 두려움이라는 유혹에 넘어가 물에 빠집니다. 이것을 보면 같은 상황 속에서도 우리가 어떻게 반응하고 응전하느냐에 따라 그것이 테스트가 될 수도 있고 심각한 유혹이 될 수도 있다는 것을 알 수 있습니다.

그렇다면 오늘 주기도문에서 말하는 시험은 어떤 시험을 말하는 걸까요? '시험에 빠지지 않게 하소서.' 이 시험은 우릴 넘어뜨리려고 순간순간 연약함을 침투해 들어오는 사탄의 여러 유혹으로부터 건져 주시라는 기도입니다. 이 기도를 제대로 이해하기 위해 두 가지 시험을 적용해 봐야 합니다.

하나는 하나님이 주시는 테스트입니다. 하나님은 때때로 우리의 믿음을 테스트하시죠. 성경에서 하나님의 시험을 경험한 대표적인 사람이 누굽니까? 아브라함이죠. 하나님은 어렵게 100세에 얻은 아들을 모리아산에서 제물로 바치라고 명령합니다. 여러분, 이것은 시험입니까? 유혹입니까? 시험이죠. 테스트였습니다. 아브라함은 어떤 마음이었을까요? 당황스럽고 괴로웠겠지요. 하지만 그는 죽음까지도 초월하시는 하나님을 믿었습니다.

> 그가 하나님이 능히 이삭을 죽은 자 가운데서 다시 살리실 줄로 생각한지라 비유컨대 그를 죽은 자 가운데서 도로 받은 것이니라 히 11:19a

아브라함은 믿음으로 하나님의 시험을 통과했습니다.
'시험'은 주로 그 당시에는 감당하기 힘들지만 잘 통과하면 큰 유익을 줍니다. 첫째, 가장 큰 유익은 자신을 돌아보고 점검하게 한다는 점이죠. 자신의 위치와 한계를 알려주며 실패를 반복하지 않도록 일깨워줍니다. 둘째, 시험의 또 다른 유익은 성장하도록 도와준다는 것입니다. 시험은 다른 말로 하면 트레이닝(training)이 됩니다. 훈련을 거치면서 자라고 숙달되고 성장하게 됩니다. 세 번째 유익은 다른 사람에게 유익을 줄 수 있다는 사실입니다. 아파본 사람이 아픈 자에게 위로가 되는 것처럼 시련과 시험을 경험하고 통과한 자의 격려가 진짜격려와 위로가 될 수 있지요. 자식을 잃는 엄청나게 고통스러운 일을 겪는 사람에겐 같은 경험을 한 사람의 위로만이 진정한 위로가 될 수있습니다.

> '얼마나 힘들어요. 나도 똑같이 아팠어요. 말하지 않아도 그 마음 잘 알아요.'

우리 예수님이 그러셨습니다. 예수님은 이 땅에 인간으로 오셔서 겪지 않아도 될 모든 고통과 상한 감정, 아픔을 다 느끼셨습니다. 실제로 나사로가 죽었을 때는 상실감으로 눈물을 흘리셨고 재판을 받을 땐 채찍을 맞으시며 몸이 찢어지는 아픔을 경험하셨고 심지어는 십자가에 못 박혀 죽기까지 하셨습니다. 예수님만큼 육신의 고통을 겪은 사람이 많을까요? 육신의 고통뿐입니까? 가족에게도 조롱당하고 유대 당국자들, 바리새인들에게 끊임없이 비판받고 모욕당하셨습니다. 그래서 예수님은 살아있는 모든 인간을 위로할 수 있는 분이신 겁니다. 우리에게 빛이 되십니다. 하나님은 우리를 시험이라는 과정을 지나게 하심으로 이 땅에서 빛으로 살게 하십니다. 이것이 하나님이 우리에게 시험을 주시는 목적입니다. 그래서 성경은 시험이 올 때 오히려 기쁘게 여기라고 말씀합니다.

> 내 형제들아 너희가 여러 가지 시험을 당하거든 온전히 기쁘게 여기라 이는 너희 믿음의 시련이 인내를 만들어 내는 줄 너희가 앎이라 인내를 온전히 이루라 이는 너희로 온전하고 구비하여 조금도 부족함이 없게 하려 함이라 약 1:2~4

시험을 당하는데 왜 기뻐해야 합니까? 그 시험이 하나님이 주시는 시험이라면 그건 분명한 목적이 있기 때문입니다. 그것은 나를 넘어지게 하는 게 아니라 온전케 하고 성장하게 하고 빛으로 인도하는 길이기 때문입니다. 그래서 성경은 시험받을 때 두려워하지 말라고 말씀하십니다.

> 사람이 감당할 시험 밖에는 너희가 당한 것이 없나니 오직 하나님은 미쁘사 너희가 감당하지 못할 시험 당함을 허락하지 아니하시고 시험 당할 즈음에 또한 피할 길을 내사 너희로 능히 감당하게 하시느니라 고전 10:13

혹시 하나님이 여러분의 돈과 재정에 관해 테스트하고 계시진 않나요? 너무 없어서 시험 듭니까? 아니면 부족한 게 없어서 신앙생활이 뒷전입니까? 돈이 넉넉할 때와 돈이 부족할 때 여러분의 믿음은 어떻게 변합니까? 우리 하나님은 우리가 얼마나 주님만 의지하는지 물질을 통해 시험하십니다.

혹시 하나님이 여러분의 시간에 대해 테스트하고 계시진 않나요? 가장 좋은 시간에 무엇을 하십니까? 갑자기 시간이 나면 무엇을 하시나요? 하나님은 시간의 시험을 통해서 삶의 우선순위를 물어보고 계십니다.

하나님이 지금 여러분의 인간관계를 테스트하고 계시진 않습니까? 여러분에게 맞지 않는 사람을 어떻게 대하고 있습니까? 나는 잘못한 것이 하나도 없는데 사람이 하나둘 떠나갑니까? 하나님은 우리가 얼마나 예수님 마음을 품고 사는지 인간관계를 통해서 깨닫게 하시고 훈련하고 계십니다.

하나님은 오늘도 저와 여러분을 테스트하고 계십니다. 분명한 사실은 그 시험은 우리를 넘어지게 하려는 시험이 아니라 우리를 자라고 성장하게 하는 시험이며, 하나님의 자녀답게 다듬어가는 시험이라는 겁니다. 지금 경험하고 있는 시련을 사탄의 유혹이 아니라 하나님의 테스트로 받아들여 성장의 기회로 여기고 예수 안에서 승리하시길 간절히 바랍니다.

사탄이 우리를 유혹하는 목적 2가지

지금까지 테스트로서의 시험을 보았습니다. 또 다른 시험도 있습니다. 유혹이죠. 주기도문에서 말하는 시험은 테스트가 아니라 유혹을 의미하는 시험입니다. 본문 13절 말씀을 보면 두 문장이 연결되어 있죠.

우리를 시험에 들게 하지 마시옵고 다만 악에서 구하시옵소서 마 6:13

두 문장이 연결되어 있습니다. 그런데 내용을 보면 시험에 들게 하지 않는 것과 악에서 구하는 것은 사실 같은 내용입니다. '사탄이 주는 유혹에 빠지지 않게 하시고 사탄으로부터 구원하옵소서.'라고 한 번 더 강조하고 있는 겁니다.

여기서 우리가 짚고 가야 할 단어가 있는데 바로 '악'이라는 단어입니다. 악을 의미하는 '투 포네루'라는 단어는 단순히 '악하다는 개념'을 말하는 것이 아니라 '악한 인격적 존재'를 말하는 단어입니다. 즉 악한 자 사탄을 말하는 거죠. 그러니까 '사탄'이라는 악한 대적으로부터 보호해 달라고 간구하는 내용인 겁니다.

C.S. 루이스는 우리가 사는 이 세상은 온통 사탄의 유혹 거리와 시

험투성이로 가득 차 있다며 이렇게 말합니다.

> "사람들이 사탄의 시험에 농락당하는 중요한 이유는 사탄을
> 과소평가하거나 과대평가하기 때문이다. 사탄을 너무 무시하
> 면 사탄이 안심하고 영혼 깊이 침투하여 넘어뜨린다. 반대로
> 사탄을 지나치게 과대평가하여 두려워하면 사탄의 덫에 걸려
> 먹이가 된다."

우리는 사탄에 대하여 양극단의 태도를 모두 조심해야 합니다. 하
나는 사탄과 귀신의 실체를 너무 무시하고 그 존재 자체를 부정하는
태도입니다. 사탄을 분명하게 인식하지 않으면 제대로 방비하지 못합
니다. 과소평가하면 위험합니다. 반대로 너무 사탄을 의식하고 과대
평가하고 두려워하는 것도 문제입니다.

가끔 스스로 영적으로 예민하다고 하면서 귀신을 너무 묵상하는
분들이 있습니다. 안색이 안 좋으면 안색귀신, 감기 걸리면 감기귀신.
칼로 베면 절단귀신이 들렸다고까지 이야기합니다. 착각하면 안 됩니
다. 목회 상담 데이터를 보면 우리가 영적인 문제라고 말하는 것 중에
사실 건강상의 문제가 90% 이상으로 나옵니다. 모든 문제를 귀신에
갖다 붙이면 그것이 바로 귀신론·이단입니다. 사탄은 분명히 존재합
니다. 하지만 사탄은 우리가 두려워할 존재가 아니라 예수 그리스도

를 의지해서 대적하고 무력화해야 할 대상인 겁니다.

사탄이 우리를 유혹하는 목적을 알면 사탄의 유혹을 어느 정도 가늠할 수 있습니다. 사탄이 우릴 유혹하는 목적은 분명합니다. 크게 두 가지인데 하나는 하나님과 멀어지게 하는 것이고, 또 하나는 사람들과 멀어지게 하는 것입니다. 사람들에 대한 사랑이 식게 하고 우리를 향한 하나님 사랑을 모르게 하는 거죠. 그렇게 하나님의 자녀다운 사랑스러운 모습을 망가뜨리고 아름다운 사랑의 관계를 망가뜨리는 것이 사탄의 계략입니다.

우리가 시험이 들 때는 정말 별일 아닌 것에도 시험 들지 않습니까? 누군가에겐 별일 아닌 것이 어떤 사람에게는 치명적인 약점이 될 수 있습니다. 사탄은 우리 각 사람의 약점을 너무나도 잘 알고 있어 그 부분을 칩니다. 가룟 유다는 돈을 사랑하는 사람이었고 삼손은 여자에게 약했습니다.

아브라함의 조카 롯은 어땠나요? 풍요로움을 사랑한 사람이었습니다. 사탄은 그 약점을 파고들어서 하나님과 멀어지게 했고 아브라함을 배반하게 하고 소돔과 고모라를 선택하게 했습니다. 그런 걸 보면 사탄은 나보다 내 약점을 더 잘 안다는 사실을 알 수 있습니다.

그래서 우리가 유혹에 넘어가지 않으려면 반복적으로 넘어지는 자신의 약점을 솔직하게 인정할 수 있어야 합니다. 그리고 그것에 대해서 특별히 깨어서 경계해야 합니다. 여기서 한번 스스로 질문해 볼 필요가 있습니다. 우리는 스스로 결단과 힘으로 사탄의 유혹을 이길 수 있는 존재일까요? 천만의 말씀입니다. 스스로의 힘으로 사탄을 이길 수 있다는 건 엄청난 착각이에요. 우리가 우리 자체 힘으로 사탄을 이길 수 있다면 예수님이 왜 오셨겠습니까? 우리는 사탄을 대적할 힘이 절대로 없습니다. 사탄이 맘먹고 달려들면 저와 여러분은 100% 질 수밖에 없습니다. 절대로 우리가 상대할 수 없으니까 예수 그리스도께서 십자가에서 죽으시고 부활하심으로 말미암아 사탄을 발로 짓밟고 그 죽음의 세력을 무력화하신 것 아니겠습니까?

세상에서는 너희가 환난을 당하나 담대하라 내가 세상을 이기었느니라
요 16:33

그래서 오늘 기도도 '악에서 구하옵소서.'입니다. 악한 자, 공중권세 잡은 사탄으로부터 보호해 주시길 구하는 기도입니다. 우리는 이미 세상을 이기신 예수 그리스도를 의지할 때만이 사탄의 유혹을 대적할 수 있습니다. 주기도의 마지막 간구는 그것을 구하는 기도입니다.

우리가 기도로 주님과 접속하지 않고 어떻게 영적 전쟁을 치를 수 있을까요? 십자가에서 죄와 죽음의 모든 세력을 이기신 예수 그리스도의 능력을 의지하여 어떤 죄악의 유혹으로부터도 보전해 주시고 악에서 건져주시길 간구해야 합니다. 기도만이 사탄의 유혹에서 벗어날 수 있는 가장 강력한 무기입니다.

풍족하고 힘 있을 때 유혹에 더 약해진다

혹시 반복적으로 넘어지는 유혹이 있습니까? 누구에게도 말하지 못할 하나님과 나만이 아는 치명적인 약점이 있습니까? 서도 목사지만 그런 치명적인 약점들이 참 많습니다. 그런 유혹과 시험이 주로 언제 찾아오던가요? 찬찬히 들여다보면 유혹이 주로 찾아오는 '때'가 있습니다.

성경의 가장 위대한 인물, 하나님이 '내 마음에 합한 자'라 하셨던 다윗을 한 번 볼까요? 다윗도 유혹에 넘어집니다. 그런데 언제 넘어졌나요? 초라하게 목동으로 살 때요? 집도 절도 없이 광야에서 쫓기며 거지처럼 살 때요? 배고플 때요? 아니요. 다윗이 모든 것을 다 가졌을 때입니다. 유다와 베냐민 두 지파의 왕에서 열개 지파까지 합해 전 이스라엘의 왕으로 추대되어 나가는 전쟁마다 승승장구한 뒤였습니다. 더 이상 왕이 전쟁에 출전하지 않아도 될 만큼 국가도, 자신도 안정되었을 때 넘어졌습니다. 쉽게 말해 뭐든지 다 할 수 있을 만큼 풍족하고 부유하고 힘 있을 때 넘어진 겁니다.

오후에 지붕 위를 거닐다가 아름다운 여인이 목욕하는 것을 봅니다. 신하를 통해 여인이 결혼 한 사람이며 남편이 지금 전쟁터에 나간 우리야인 것을 분명히 알면서도 그 아내 밧세바와 동침을 합니다. 그런데 예기치 않게 임신이 되어 동침한 것이 들통나게 되니까 그것을 감추기 위해서 충신 우리야를 죽도록 만듭니다. 사실 이 모든 것이 가능했던 이유가 무엇입니까? 다윗이 뭐든지 할 수 있는 위치에 있었기 때문이었습니다.

우리 인간은 사지 멀쩡하고 시간 남고 돈 생기면 '죄' 짓는 일에 눈을 돌리기 쉽상입니다. 그렇습니다. 우리들의 모습을 보면 뭐가 없어서 신앙생활을 못 하는 게 아니라 뭐가 너무 많아서 신앙생활을 못 하는 경우가 훨씬 많습니다. 가진 것, 누리는 것, 부족함이 없는 것이 오히려 신앙생활을 방해하지는 않나요? 시간 있고 돈 있고 건강하니까 신앙생활이 옵션이 되어가고 있는 것 아닙니까?

건강할 때 유혹에 빠지지 않도록 조심하십시오. 지금 있는 물질과 건강과 안정과 풍요로움이 여러분 신앙을 방해하지 않게 하십시오.

뭔가 할 수 있을 때 지금 가진 가장 좋은 것을 하나님 나라 위해 사용하고 하나님께 드릴 수 있기를 간절히 바랍니다. 다 잃어버리고 후회하지 말며, 기적 같은 은혜 바라지 말고 하나님 주신 것들을 하나님의 소유처럼 사용할 수 있기를 간절히 바랍니다. 이것이 우리가 실제로 유혹을 이기는 방법입니다.

예수님은 어떠셨습니까? 사탄이 40일 금식한 예수님에게 와서 돌로 떡 덩이가 되게 하라고 유혹합니다. 이것이 왜 예수님께 유혹이 됩니까? 예수님이 돌로 떡을 만들 수 없으면 유혹이라는 말 자체가 성립이 안 되지요. 예수님이 돌로 떡을 만들 수 있으니까 유혹이 되는 겁니다. 저에게 돌을 주면서 떡을 만들라고 하면 그게 유혹이 됩니까? 그냥 서로 웃죠. 할 수 있으니까 유혹인 겁니다.

우리도 마찬가지입니다. 사탄은 우리에게 없는 것으로, 못하는 것으로 유혹하지 않습니다. 할 수 있는 것으로, 내게 있는 것으로, 잘난 것으로 넘어지게 합니다. 살짝만 건드리면 교만할 수 있는 것들로 틈만 나면 유혹합니다.

사탄의 유혹 소리는 이런 소리 아닙니까?

"잘한다, 잘한다. 더 잘해라! 그러나 한 주만 더 쉬고 예배는 다음 기회에.”

“멋지다, 잘나간다, 더 유명해져라! 네 인생은 네 것이니 시간
도 물질도 네가 원하는 대로 써도 돼. 말씀, 물론 좋지만, 지금
은 네 본능에 충실해라.”

“남들이 불륜이라고 하든 말든 너의 경우는 지금 특별한 경우
니까 외도해도 괜찮아.”

이러라고 하나님이 건강주고 물질 주고 직장 주고 생명 주셨습니
까? 언제부터 그렇게 당연한 듯 자기 합리화를 하며 유혹에 빠져 살
게 되었습니까? 우리는 지금 보이지 않는 영적인 전투 현장에서 살고
있습니다. 그리고 사탄은 지금도 우는 사자와 같이 삼킬 자를 찾고 있
습니다.

> 근신하라 깨어라 너희 대적 마귀가 우는 사자 같이 두루 다니며 삼킬 자를
> 찾나니 벧전 5:8

이 마지막 기도는 우리가 지금 어디에 살고 있는지를 분명하게 보
여주는 기도입니다. 우리가 사는 이 땅은 아직 하나님 나라가 완성되
지 않은 곳입니다. 그래서 우리를 미혹하는 사탄의 유혹이 우는 사자

와 같이 우리를 잡아먹으려하고 있습니다. 사탄은 비록 십자가 예수 앞에서 패하였지만, 여전히 그림자처럼 이 땅에 영향을 미치며 하나님의 백성들인 저와 여러분을 넘어뜨리려고 호시탐탐 미혹합니다. 이 땅이 영적인 전쟁터인 이유입니다. 그래서 오늘의 이 간구 기도가 절실히 필요합니다.

이 상황을 아주 잘 표현한 찬양이 있습니다.

> 세상의 유혹 시험이 내게 몰려 올 때에[*]
> 나의 힘으론 그것들 모두 이길 수 없네
> 거대한 폭풍 가운데 위축된 나의 영혼
> 어찌할 바를 몰라 헤매이고 있을 때
> 주를 찬양 손을 들고 찬양 전쟁은 나에게 속한 것 아니니
> 주를 찬양 손을 들고 찬양 전쟁은 하나님께 속한 것이니

오늘 알려주신 영적 전투를 위한 주기도를 드리면서 하나님 나라 백성답게, 하나님의 자녀답게, 예수의 사람답게 유혹을 멋지게 다스리며 살아가시길 바랍니다.

---

[*] 「세상의 유혹 시험이(원제: 주를 찬양)」, 최덕신 작사·작곡

기도가 기도되게
하는 마침표

마태복음 6:13

13 우리를 시험에 들게 하지 마시옵고 다만 악에서 구하시옵소서

(나라와 권세와 영광이 아버지께 영원히 있사옵나이다 아멘)

기도가 기도되게 하는 마침표

어느덧 주기도문의 마지막 부분에 왔습니다. 말씀을 준비하면서 이 부분을 어떻게 이해하면 좋을까 생각하는데 문득 이런 생각이 들었습니다. 마치 '배의 닻과 같다.'라는 생각이요. 큰 배가 바다를 떠다니다가 정박할 때가 되면 배를 안전하게 묶어두기 위해서 닻을 내리죠. 배를 정비하거나 쉴 때도 멈춰서 닻을 내립니다.

기도도 일종의 닻을 내리고 멈추는 것과 같다는 생각이 듭니다. 분주함을 멈추고 하나님과 만나는 시간이 기도입니다. 특히 기도를 시작할 때 우리 기도가 흔들리지 않도록 닻을 내려야 합니다.

기도를 시작할 때 중요했던 것은 '우리의 이 기도를 받으시는 분은 누구인가?'였습니다. 바로 '하늘에 계신 우리 아버지'였습니다. 기도를 받으시는 대상을 분명히 알고 시작하는 것이 기도가 표류하지 않는 방법이었습니다. 그리고 이제 모든 간구를 다 마친 후에 다시 기도의 위치를 확인합니다. 우리가 지금까지 누구를 의지하여서 기도를 드렸는지 분명히 확인하는 겁니다. 그리고 이 확인이 우리들의 기도를 참된 기도가 되도록 하는 마침표가 되어줍니다.

나라와 권세와 영광이 영원히 아버지 것입니다.

그렇다면 이 부분이 왜 '기도가 기도되게 하는 마침표'가 되는 걸까요? 이 부분은 소위 말해서 '송영'이라고 부릅니다. 송영이라는 것은 공동체에서 예배 중에 찬송의 후렴구처럼 화답 형태로 부르는 걸 말하는데 주기도문이 이런 송영 형태로 마치면서 기도문 전체를 완성해주고 있습니다.

오늘 주기도문의 이 마지막 부분은 잘 보면 괄호로 묶여 있습니다. 왜 괄호 안에 있을까요? 이것부터 설명을 시작해 보도록 하겠습니다. 괄호 안에 있다는 것은 성경의 여러 사본 가운데 이 내용이 없는 사본들이 있다는 걸 말합니다. 주요 사본인 시내 사본, 베자 사본 등에는 빠져 있어서 예수님이 하신 말씀이 아닐 수 있다는 거죠. 하지만 그렇다고 해서 이 부분이 덜 중요하거나 무시할 부분은 결코 아닙니다.

초대교회 당시 이 내용이 나오는 문헌도 존재합니다. 송영이라고 부르는 이유도 초대교회 예배 전통 가운데 마지막 이 부분을 회중이 화답송으로 드렸을 것으로 보기 때문이죠. 여전히 학자들 가운데에는 원본 일부라고 보는 견해도 있습니다. 이 부분이 있어야 완결된다고 보기도 합니다. 어쨌든 그런 의미에서 마태복음은 이 부분을 주기도문을 완성케 하는 중요한 마무리 부분으로 포함하고 있습니다. 그런 비중을 가지고 함께 이해해 봅시다.

우리가 담대히 기도할 수 있는 근거는 '왜냐하면'에 있다

· 이전에 익숙했던 개역 한글 성경을 보면 이 부분이 "대개 나라와 권세와 영광이…"로 '대개'라는 단어가 들어 있습니다. '대개'는 '대체로', '대략', '일반적으로'라는 의미가 있습니다. 그래서 우리도 그렇게 이해하고 있지만 실은 전혀 그런 뜻이 아닙니다. 헬라어 원문을 보면 '호티(ὅτι)'라는 단어를 쓰고 있는데 이 단어는 '왜냐하면(for because)'이라는 뜻이 있습니다. '왜냐하면'이라는 뜻의 접속사인 겁니다. 즉 풀어서 설명하면 이렇습니다.

'일용할 양식을 주옵소서. 악에서 구하옵소서. 왜냐하면 우리가 이렇게 지금까지 담대하게 기도할 수 있는 근거는 모든 나라와 모든 권세와 모든 영광이 영원히 아버지께 있기 때문입니다.'라는 의미가 됩니다.

우리가 기도할 수 있는 근거가 하나님의 다스림과 위대한 능력 때문이라는 믿음의 고백을 하는 겁니다. 주기도문의 마지막 마무리 부분은 기도를 받으시는 분이 어떤 분인지 어떤 능력이 있는지 우리는 무엇을 근거로 이렇게 기도할 수 있는지 다시 확인하면서 찬송하고 선포하고 신뢰를 고백하는 것입니다. 그래서 이 송영 부분이 우리의 기도를 기도답게 마무리해 준다는 겁니다.

기도의 근거가 희미하면, 기도를 들으시는 분에 대한 신뢰가 없으면 기도하다 지칩니다. 기도는 하면서도 기대감이 없어요. '비나이다, 비나이다.'라고 하는 다른 기복신앙 종교와 다름없습니다. 대상에 대한 신뢰가 없으니까 '지성이면 감천'이라고 내가 지성으로 빌어서 신을 감동하게 한다는 거 아닙니까?

작정기도, 다니엘기도, 천일기도 등 열심히 기도했는데도 아무런 변화가 없으면 우리들은 지칩니다. 하나님은 내 기도는 안 들어주신다고 서운해하며 하나님의 사랑을 의심하고 어떤 사람들은 하나님은 없다고 아예 믿음을 버리기도 합니다. 이런 일이 왜 발생합니까? 기도의 근거를 분명히 모르기 때문입니다. 기도를 듣고 계시는 하나님에 대한 신뢰가 없기 때문입니다.

여러분은 기도를 하면서 하나님의 능력을 전적으로 신뢰하면서 기도를 끝마치나요? 아니면 뭔가 미덥지 않은 불안함으로 마치시나요? 하나님이 주시는 위로가 세상이 주는 절망보다 크다는 걸 신뢰하며 기도하시나요? 하나님의 뜻과 계획이 내 계획보다 더 완전하다는 걸 인정하면서 하나님의 타이밍을 기다리며 기도합니까? 나라와 권세와 영광이 영원히 아버지께 있다는 사실을 근거로 전지전능하신 하나님께 드리는 기도입니까? 그 무엇도 우리들에 대한 하나님의 사랑을 끊을 수 없다는 절대로 흔들리지 않는 관계를 바탕으로 드리는 기도입니까? 아니면 하나님의 전지전능하심도 사랑하심도 확신하지 못하며 찝찝함으로 끝맺는 기도를 하십니까? 주기도문을 마치면서 우리의 기도를 다시 돌아보면 좋겠습니다.

오늘 마지막 송영 부분이 우리에게 가르쳐주는 것은 기도를 받으시는 분의 능력을 신뢰하면서 기도를 마치라는 겁니다. 기도를 마칠 때는 '나라와 권세와 영광이 영원히 아버지의 것'임을 선포하며 마치라는 것입니다. 그러한 믿음과 신뢰로 드리는 기도야말로 응답하지 않으려야 않을 수 없는 하나님이 기뻐하시는 기도요, 하나님 마음을 시원케 하는 기도요, 하나님의 나라를 이 땅에 오게 하는 능력의 기도라는 말씀입니다.

우리의 기도가 이 신뢰 속에서 더욱 견고해지면 좋겠습니다. 기도 제목에 응답해주실 것을 신뢰하는 게 아니라 기도를 들으시는 하나님을 온전히 신뢰함으로 견고한 믿음으로 기도하는 모두가 되길 간절히 바랍니다.

그리고 이제 주기도문 전체를 마무리하면서 몇 가지 실제로 적용해 보면 좋겠습니다.

먼저 주기도문을 마무리하면서 바라는 것 세 가지가 있습니다.

첫째는 무엇보다 우리에게 기도에 대한 뿌리 깊은 오해가 없어졌으면 좋겠습니다. 어떤 오해입니까? 기도는 어렵다는 오해 말입니다. 주기도를 따라 기도하면 전혀 어렵지 않습니다.

둘째는 주기도를 배움으로써 잘못된 기도 습관에서 벗어나게 되면 좋겠습니다. 어떤 습관인가 하면 자기중심적인 기도 습관에서요. 자기 소원 중심, 기도 응답 중심의 기도습관이 기도를 방해합니다.

셋째, 기도에 관해서 자신감이 회복되면 좋겠습니다. 주기도문은 기도의 구체적인 내용과 방법과 태도를 예수님이 직접 가르쳐주신 것입니다. 어려워하지 말고 두려워하지 말고 이대로 해보면 좋겠습니다.

이제 기도하는 일만 남았습니다. 말씀을 들은 것으로 끝나지 않고 주기도문을 우리의 훈련 교본으로 삼아 '살아 움직이는 생동감 있는 기도'가 우리 모두에게 회복될 수 있기를 간절히 바랍니다.

주기도문은 외우라고 주신 것이 아니라 기도하라고 주신 것

중학교 1학년 때 교생선생님이 "주기도문 외울 수 있는 사람?"이

라고 물어보셨을 때 얌전했던 제가 '그건 자신 있지.'라고 생각하며 손을 들고 친구들 앞에서 달달 외웠던 기억이 납니다. 교생선생님의 칭찬을 받으면서 얼마나 우쭐했던지요. 그런데 문제는 주기도는 잘 외우는데 기도는 못 하는 겁니다. 기도하기 전에는 늘 부담스럽고 기도를 하고 나면 좌절합니다. 대표기도는 어떻게든 핑계 대고 빠지고 봅니다. 뭔가 잘못되었던 거죠. 주기도에서 기도는 빠지고 주문만 남은 전형적인 모습이었습니다.

주기도문은 제자들이 "예수님, 기도를 어떻게 해야 합니까?"라고 물었을 때 "너희는 이렇게 기도하라."라며 예수님께서 구체적으로 알려주신 기도입니다. 신비한 주문으로 주신 것도 아니고 신학을 해야만 이해할 수 있는 어려운 기도도 아닙니다. 구체적인 방법과 내용, 기도하는 자세, 잊지 말아야 할 지침을 '간단하면서도 집약적으로 핵심을 담은 기도 샘플'로 주신 겁니다.

주기도문으로 기도를 다시 배우십시오. 이제부터 주기도문이 예배 시작이나 모임 마칠 때 마무리용 기도가 아니라 우리들의 실제 기도가 되면 좋겠습니다. 그렇게 한다면 제가 자신 있게 예언하건대 여러분의 기도에 놀라운 변화가 일어날 것입니다.

주기도는 자기 언어로 바꿔서 하도록 주신 기도

  주기도문의 구조를 보면 '하나님 부름'과 '여섯 개의 기도 제목'들 그리고 마지막 '송영'으로 마칩니다. 이 구조를 이해하고 한 문장씩 외우면서 그 의미를 생각하고 내 말로 바꾸어 기도하면 우리 기도의 언어는 무궁무진해집니다. 이렇게요.

  하나님은 하늘에 계신 전능하신 분이지만 지금의 나의 상황을 구체적으로 아시고 돌보고 계시는 아버지이십니다. 가까이 계심을 느끼게 하시니 감사합니다. 제가 자녀들을 자꾸 하나님인 양 통제하려 합니다. 도와주세요.

  주님. 상한 관계로 인해 마음이 너무 고통스럽습니다. 용서할 마음이 들지 않아요. 받은 은혜를 기억하게 하시고 불쌍히 여기는 마음을 주세요. 제힘으로 되지 않아요. 제발 도와주세요.

  우리는 언제 어디서든, 어떤 상황에서든 주기도로 기도할 수 있습니다. 한 문장씩 내용을 떠올리면서 자기 말로 바꾸어서 하면 됩니다. 주기도로 기도를 안 해 봐서 그렇지, 해보면 어렵지 않습니다. 어제 믿은 초신자도 쉽게 할 수 있는 기도이고 오래 교회를 다녔지만, 매너

리즘에 빠져 무미건조한 기도를 하는 성도들의 기도도 생동감 있게 살려주는 기도인 겁니다.

입시생을 위한 기도, 치유기도, 중보기도, 선교지를 위한 기도도 가능합니다. 혼자뿐 아니라 함께 하는 기도도 가능합니다. 예배 때 대표기도도 가능하고 신학교에서, 교도소에서, 오지 선교 현장 등 어디에서든 드릴 수 있는 기도입니다. 교단을 초월해 전통적인 모든 교회에서 언제 어디서나 가능한 본질적인 기도입니다.

우리 기도는 주기도문만으로도 충분합니다. 주기도문으로 기도해 봅시다. 지금 외우고 있는 주기도문 한 문장, 한 문장을 여러분의 언어로 바꿔서 표현해 보세요. 하나님을 위한 기도, 우리를 위한 기도 기억하시죠? 익숙해지면 익숙해질수록 나 자신도 알지 못하는 사이에 기도가 깊어지는 걸 느끼게 될 것입니다. 그런 영적인 행복을 누릴 수 있기를 간절히 바랍니다.

주기도는 깊이 생각하면서 드리는 기도

본디 기도는 말을 하면서가 아니라 멈추는 것으로 시작합니다. 우리는 기도할 때 시작하자마자 무조건 뭔가를 말하기 시작하는 경우가 많습니다. 그리고 기도 제목 밑천이 떨어지면 기도가 금방 끝납니다. 조금 뻘쭘해집니다. 할 말 다 했는데 5분, 10분밖에 지나지 않는 경우 많지 않습니까? 그런데 제대로 기도하려면 일단 말을 멈추고 생각을 하며 하나님과 대화를 여는 것부터 시작해야 합니다. 주기도문의 내용을 떠올리며 마음의 소리가 잠잠해지고 하나님께로 시선을 옮겨가는 시간이 필요합니다.

주기도의 내용 하나하나는 그냥 넘어갈 수 없는 큰 내용들임을 그동안 살펴보았습니다. 주기도문은 그런 내용들을 우리 안에 내면화시키도록 도와줍니다. 육적인 일이나 신앙적인 일, 어느 하나에만 치우치지 않도록 균형을 잡아주고 하나님의 관점으로 마땅히 구할 것과 구하지 말아야 할 것을 가르쳐 줍니다. 그래서 주기도문으로 기도할 때 우리의 관점이 변하고 언어가 변하고 영적인 균형감을 찾을 수 있게 됩니다.

믿음 성장의 비밀이 여기에 담겨 있습니다. 그래서 마태복음 산상수훈을 예수님의 보물 같은 말씀이라고 부르지 않습니까? 주기도는 보물 같은 기도입니다. 주기도문을 통해서 깊어지는 기도의 맛을 꼭 경험하길 바랍니다.

주기도는 응답받는 기도가 아니라 보상받는 기도

우리는 흔히 기도의 목적을 응답받는 것에 두는 경우가 많습니다. 주기도는 응답받는 기도가 아니라 엄밀히 말하면 보상받는 기도입니다. 보상은 다른 말로 하면 칭찬이라고 할 수 있습니다. 주기도문으로 기도하면 자연스럽게 하나님 마음에 합한 기도를 하게 됩니다. 내 소원에 매몰된 기도가 아니라 하나님의 소원이 담겨 있는 우리의 소원을 구할 수 있기 때문에 하나님이 기도를 들으시면서 대견해하시고 기뻐하시고 칭찬하시는 거죠.

우리의 기도를 들으신 하나님이 이렇게 말씀하시지 않을까요?

"잘했다. 충성된 종아. 네가 내 마음을 잘 알고 이것을 기도하는구나. 나의 소원이 너의 소원이고 너의 소원이 나의 소원이니 내가 너를 통해 일하겠다. 너로 인하여 기쁘구나. 너를 인정하며 네 삶을 축복하겠다."

사실 그런 면에서 보면 최고의 기도응답은 '하나님의 칭찬'이 아니겠습니까? 우리의 기도가 하나님과 마음의 결을 맞춤으로 주님을 기쁘시게 하는 기도가 되면 좋겠습니다. 주기도문을 통해 편안하게 하나님과 대화하는 기도가 회복되었으면 좋겠고 기도하는 시간이 가장 즐겁고 행복한 시간이 되면 좋겠습니다.

사실 올해 분립개척을 진행하는 과정 가운데 저에게 기도의 균형을 맞춘다는 건 아주 중요한 일이었습니다. 하나님의 뜻에 합당한 기도, 균형 잡힌 기도가 아니면 순간순간 유혹이 틈타고 제 안의 연약함이 나를 공격하기 때문입니다. 하나님의 일이 진행되면 진행될수록 방해도, 영적 전쟁도 크지 않습니까?

모든 성도님이 기도의 결을 함께 맞추는 것이 다른 무엇보다 중요하고 또 어느 때보다 중요한 시기라는 마음을 주셔서 '주기도문'으로 주일 말씀을 나눴습니다.

오늘로 주기도문 말씀 시리즈를 마쳤습니다. 예수님이 주기도문을 우리에게 주신 것이 감사함으로 느껴지십니까? 그렇다면 다행이고 감사한 일입니다. 저에게도 주기도문을 나누는 지난 두 달이 가장 편안한 호흡으로, 때론 깊은 호흡으로, 때론 긴 호흡으로 목회와 교회 비전을 정돈하고 생각할 수 있었던 감사한 시간이었습니다.

지금 우리 교회는 행복한 축제를 하고 있습니다. 5주년을 기념하며 여러 행사를 통해 기쁨을 나누고 있습니다. 곧 캄보디아에 교회를 세우고 창립주일에는 예안교회 분립 잔치를 합니다. 올해가 우리 모든 성도에게 잊지 못할 축제의 시간, 하나님 말씀의 흔적들로 가득한 한 해가 되었으면 좋겠습니다. 이는 함께 기도로 마음을 모을 때만 가능한 줄 믿습니다.

　우리가 함께 배운 주기도문을 통해서 하늘의 것을 함께 구하고, 하나님 나라를 함께 세우고, 함께 하나님께 영광을 돌리며, 서로의 생존을 위해서 함께 기도합시다. 함께 평화를 꿈꾸고 함께 힘을 합하여 영적인 전쟁을 준비합시다. 이렇게 나아갈 때, 하늘에 계신 우리 아버지께서 우리를 통해 영광 받으시고 기쁨의 축제를 끝까지 허락하실 줄 믿습니다.

Part 3

Missio Dei

모두 선교하라!
선교사 예수님처럼

선교는 교회가 아닌
하나님이 주체

빌립보서 2:2~8

2 마음을 같이하여 같은 사랑을 가지고
  뜻을 합하여 한마음을 품어
3 아무 일에든지 다툼이나 허영으로 하지 말고
  오직 겸손한 마음으로 각각 자기보다 남을 낫게 여기고
4 각각 자기 일을 돌볼뿐더러 또한 각각 다른 사람들의
  일을 돌보아 나의 기쁨을 충만하게 하라
5 너희 안에 이 마음을 품으라
  곧 예수 그리스도의 마음이니
6 그는 근본 하나님의 본체시나 하나님과 동등 됨을
  취할 것으로 여기지 아니하시고
7 오히려 자기를 비워 종의 형체를 가지사 사람들과 같이 되셨고
8 사람의 모양으로 나타나사 자기를 낮추시고
  죽기까지 복종하셨으니 곧 십자가에서 죽으심이라

선교를 많이 하는 교회가 선교적 교회가 아니다

오늘 우리 교회는 선교주일을 맞이했습니다. '온 선교주일'이죠. 온 성도가 함께 온 영역으로 온 누리에 선교하기를 다짐하며 말씀을 듣고 있습니다. 우리가 교회 안에서 아주 많이 이야기하는 이 '선교'란 무엇일까요? '선교'하면 어떤 이미지, 단어가 떠오르십니까? 해외선교, 비전트립, 동남아, 아프리카 아이들 등등 선교에 대한 이미지는 다양할 겁니다. 각자의 경험에 따라 선교를 다르게 정의할 수도 있는데 사실 선교에 대해서 제대로 이해해야만, 우리는 온전한 교회론과 바른 신앙을 가질 수 있습니다.

선교는 하나님과 관계가 깨어진, 이 세상을 회복하시는 '하나님의 마음'에서 시작됩니다. 하나님은 모든 만물을 선하게 창조하셨습니다. 그런데, 이 땅에 죄가 들어오면서 하나님과의 관계가 깨집니다. 하나님과의 관계가 깨지다 보니, 사람들은 자신과의 관계, 다른 사람들과의 관계, 나아가 다스리라 하신 다른 피조물과의 관계도 깨지고 틀어졌지요. 모든 곳에 상처와 고통이 가득합니다. 하나님은 이를 회복하기 위해서 이 땅에 구원자 예수님을 보내셔서 하나님과의 깨진 관계를 회복케 하셨습니다. 예수님을 통해 '하나님 나라'를 회복하신 것이죠. 이것이 기독교 세계관이자 구속사적인 관점입니다. 이렇게 선교는 성경 전체를 관통하는 구속사적 관점으로 바라볼 때에야 제대로 이해할 수 있습니다. 구속사가 뭡니까? 하나님께서 하나님의 나라를 회복해 가시는 구원의 역사죠.

이러한 관점에서 선교를 정의해 보면 선교란, '하나님의 통치에서 벗어나 고통받는 모든 현장을 하나님의 사랑과 구원의 복음으로 회복시키는 일련의 모든 가치와 행동'을 의미합니다. 선교는 그래서 우리가 일반적으로 생각하는 '해외에 나가 복음을 모르는 사람들에게 전도하는 것'보다 훨씬 크고 폭넓은 개념입니다.

마이클 프로스트, 앨런 허쉬 같은 신학자들은, 『새로운 교회가 온다』라는 책에서 이렇게 말합니다. "기독론이 선교학을 결정짓고, 선교학이 교회론을 결정짓는다."[*]

학자의 말이라 좀 학구적입니다. 쉽게 말해서 기독론, 즉 예수님이 누구시고 왜 오셨는가 하는 것을 제대로 알아야(기독론) 깨어진 세상을 회복시키는 일련의 가치와 행동을 하는 선교를 제대로 알게 되고(선교론) 그것을 하기 위해 모인 교회를 제대로 알게 된다는 의미입니다(교회론). 그는 아예 "선교는 교회 일부분이 아니라, 교회가 선교를 위해 존재한다."라고 합니다. 우리는 교회가 선교를 결정짓는 것으로

---

[*] 마이클 프로스트. 앨런 허쉬, 『새로운 교회가 온다』, 40p, 2009, IVP

생각하지만 반대로 선교가 교회를 결정 짓는다는 말입니다.

그런 의미에서 선교적 교회는, 선교사를 많이 파송한 교회도, 선교여행을 많이 가는 교회도, 교회 안에 선교회가 많은 교회도, 선교 행사가 많은 교회도 아닙니다. 성도들 모두가 선교사라는 정체성을 가지고 하나님이 선교하시도록 겸손하게 자신을 드릴 줄 아는 교회를 '선교적 교회(Missional Church)'라고 합니다. 우리 성도님들과 우리 교회가 한결같은 마음을 함께 품어서 하나님이 하시는 선교에 믿음직스럽게 쓰임 받는 '선교적 교회'가 될 수 있기를 바랍니다.

선교는 누가 하는가?

선교적 교회나 선교활동 많이 하는 교회나 그게 그거인 거 같은데 뭐가 다르다는 말인가 싶으실 겁니다. 그렇다면 좀 더 근본적인 질문부터 던져보겠습니다. 선교가 무엇인지 이해하려면, 가장 중요한 질문을 다시 해봐야 합니다. 그 질문은, '선교의 주체는 누구인가?'가 될 것입니다. 선교는 누가 하는 것일까요? 선교사, 교회, 아니면 선교단체가 선교하는 것일까요?

선교의 주체는 다른 누구도 아니요. 바로 '하나님 아버지'이십니다.

하나님은 태초부터 지금까지 죄로 인해 하나님과의 관계가 깨져버린 이 땅을 치유하고 회복하기 위해서, 인류 역사 가운데 멈추지 않고 일해 오셨습니다. 그리고 지금도 일하고 계시죠. 인간의 열심이 멈춘 때에도, 교회가 핍박당하고 사라졌던 시대에도, 하나님이 전혀 안 계실 것 같은 현장 속에서도, 하나님은 쉼 없이 일해 오셨습니다. 하나님의 선교는 한순간도 멈추지 않았습니다. 구약시대, 신약시대, 지금 북한 땅에서도 하나님은 선교하고 계십니다.

바로 여기에 선교학의 가장 중요한 핵심 개념이 있는데, 바로 '하나님의 선교(Missio Dei)'라는 개념입니다. Missio Dei(미씨오 데이). 선교하시는 하나님. 선교는 하나님이 직접 하신다. 구약시대에는 아브라함을 불러 민족을 만드시고 출애굽 시켜 이스라엘을 제사장 나라 만드셨습니다. 가나안과 주변 나라에 '하나님 나라'의 모범을 보이라 하신 거죠. 그런데 어떻게 되었습니까? 바벨론에 포로로 끌려갈 정도로 실패했죠. 그래서 예수님이 오십니다. 예수님이 오신 뒤에는 예수님을 믿는 크리스천들을 통해, 크리스천들의 모임인 교회를 통해 하나님이 선교를 하시고 계십니다. 선교의 주체는 사람들이 아니라 사람을 통해 일하시는 하나님이십니다. 이것이 우리가 선교를 이해하는 출발점이 되어야 합니다.

그렇다면, '하나님의 선교'에 있어서 '교회'는 어떤 존재일까요? 교회는 하나님의 선교적인 도구로서, '성령이 주관하시는 하나님 자녀들의 공동체'입니다. 하나님은 당신의 형상을 닮은 자녀들의 공동체에 당신이 하실 일들을 맡겨 일하십니다. 네, 하나님은 우리와 함께 일하기를 원하십니다. 교회는 '하나님이 마음껏 일(선교)하시도록, 성령께서 역동적으로 일하시도록 자신을 깨끗이 하여 겸손하게 내어드리는 제자들의 공동체'인 것입니다. 이를 우리는 '선교적 교회'라 부릅니다.

여러분! 지금 드리는 이 말씀이 그냥 들으면 특별한 것 없는 당연한 말인 것 같지만, 하나씩 따져보면 아주 혁명적인 '개념의 전환'이 담겨있습니다. 왜냐하면 이 '하나님의 선교'라는 개념은, 지금까지 교회가 일반적으로 강조해 온 선교와는 개념과 방식이 전혀 다르기 때문입니다. 선교의 결과도 다릅니다.

교회의 여러 역할 중 하나로 인식되어 온 선교

지금까지 교회는 선교에 대해 어떻게 이해해 왔을까요? 지금까지 선교는 교회 안에 존재하는 중요한 역할 중 '하나'로 여겨져 왔습니다. 각 개 교회가 선교의 주도권을 가지고 결정하고 선택하고 진행해 왔습니다. 물론 하나님이 원하시는 것이라고 말은 하지만, 교회나 단체가 선교의 모든 주도권을 가지고 나름대로 계획하고, 결정하고 판단합니다. 그렇게, 선교의 주체가 '교회나 단체'가 되면서 어떤 결과가 발생할까요?

첫째, 각자가 열심히 선교한다고 하면서 하나가 되지 못하는 것입니다. 예를 들어 이슬람 국가에서 10년 넘도록 현지 상황에 맞게 조용히 선교를 진행 중인 선교사 일행이 있었는데, 그곳에 갑자기 열성적인 선교단체가 들어와서 노방전도하고 결신사역하고 공격적으로 선교하면서 쑥대밭을 만들어요. 자기들은 결신자 카드 가지고 돌아가서 승리했다고 자축하고 좋아합니다. 그런데 그들이 쓸고 지나간 선교 현장은 영적인 폐허가 되는 경우가 허다합니다. 한순간에 하나님의 선교를 물거품으로 만드는 자기중심적인 선교의 모습인 거지요. 열심만 있지, 전체를 바라보는 하나님의 마음은 없는 것입니다. 이런 선교를 올바른 선교라 할 수 있겠습니까? 각자 잘한다고 하는데, 선교하면서 서로 부딪치고 오히려 방해되는 겁니다.

둘째, 하나님의 선교를 잊어버릴 때 발생하는 또 다른 문제는 앞서 말씀드린 것처럼 선교를 교회의 여러 일 중의 하나 정도로 여기는 겁니다. 선교는 선교사가 하는 것이고, 우리는 여건이 되면 선교헌금 잘하면 되고, 기회가 될 때 해외선교 프로그램에 적극적으로 참여하면 되는 거라는 생각입니다. 그러다가 교회 전체적으로 헌금이 줄거나 재정이 힘들어지면, 교회가 생존하기 위해 제일 먼저 선교예산을 삭

감하는 것을 당연하게 여기는 생각입니다. 물론 그렇지 않은 교회도 많지만 안타깝게도 이것이 교회의 현실입니다.

하나님의 선교를 온전히 이해하는 교회의 특징

그런데 우리가 하나님의 선교를 제대로 이해한다면 교회의 근본적인 체질은 달라질 수 있습니다. 선교를 교회 사역 중 하나가 아니라 교회의 정체성으로 이해하게 되는 거죠. 선교의 주체가 하나님이라는 것을 인정하면 교회의 선교적인 본질을 회복할 수 있습니다. 그렇다면 하나님의 선교를 온전히 이해하는 교회는 어떤 특징이 있을까요?

선교적인 정체성을 가진 교회

선교는 하나님과의 관계가 깨진 모든 곳에서, 하나님이 하시는 모든 사역이 선교입니다. 타 문화권에 가야만 하는 것이 아닙니다. 하나님이 하시는 선교에 동참하는 교회는 깨진 관계를 회복시키기 원하는 하나님의 마음을 품고 하나님 나라를 세우기 위해 적극적으로 동참하고 참여하는 교회인 겁니다. 그래서 가정에서도, 직장에서도, 교회에서도, 하나님의 자녀라면, '나도 선교사입니다!'라는 정체성을 가지고 참여하게 되는 것이지요.

그래서 풀러 신학교의 선교학자, 벤엥겐 교수는 선교적 교회를 말할 때, '미셔널(Missional) 처치'라기보다, '미셔너리 처치'라고 부르는 게 더 적절하다고 말합니다. 쉽게 말하면, 참된 선교적인 교회는 '선교사적인 교회(Missionary Church)'라는 말입니다. 성도 각 한 사람, 한 사람이 각각 선교사로서의 정체성을 가지고, 자기가 속한 공동체를 하나님께서 선교에 사용하도록 모든 주도권을 드리는 교회라는 거지요. 하나님의 선교에 참여하는 저와 여러분, 우리는 모두, '선교사'입니다.

한마음을 품을 줄 아는 교회

선교는, 내가 하는 게 아니라 하나님이 하시는 일이기 때문에, 가장 먼저 하나님의 선한 뜻을 구하고, 알고, 공동체가 함께 품는 과정이 꼭 필요합니다. 왜 그렇습니까? 하나님의 선교니까요. 그래서 하나님의 선교는 공동체 안에서 얼마나 빨리할 것인가라는 속도와 가장 효율적이라는 방법보다, 성령 안에서 마음을 하나로 모으는 것이 더 중요합니다. 무조건 출발하는 게 아니라, 출발 전에 함께 갈 방향을 함께 준비하는 것입니다.

그래서 하나님의 선교를 제대로 이해한 공동체는, 절대로 주의 일을 하면서 분열되지 않습니다. 하나님이 일하시도록 주도권을 드리는 교회는 주의 일을 하다가 갈등이 있으면 잠시 멈출 줄 알며, 함께 조율할 수 있는 여유와 능력이 있습니다. 사사로운 감정이 하나님의 선교를 결코 방해할 수 없음을 알기 때문입니다. 그래서 하나님이 선교하시는 교회의 특징은 평화를 가장 중요한 가치로 여기는 교회인 것입니다. 성령이 하시는 일이 하나 되게 하는 일이기 때문이죠.

우리는 주의 일을 행함에 있어서 열심히 뭔가를 하기 전에, 내가 공동체 안에서 하나님이 안전하게 쓸 수 있는 도구인지, 불안한 도구인지를 먼저 살펴야 해요. 내 안에 혹시, 우리 공동체 안에서 한마음을 품는 데 방해되는 요소가 있다면 그 부분부터 훈련받아야 합니다. 그게 하나님이 우리 가운데 행하시는 선교입니다.

행함(Doing) 이전에 존재(Being)를 먼저 생각하는 교회

우리는 주의 일을 할 때 너무 분주한 경향이 있습니다. 주의 일은, 마땅히 해야 할 일이라고 해서 무작정 열심히 달리는 것이 절대로 아닙니다. 내가 잘 달릴 수 있다고 해서 혼자 열심히 달리는 100m 달리기가 아니란 말이죠. 나 혼자 열심히 해서 1등 하면 주님이 좋아하실까요? 주의 일은 그렇지 않습니다. 하나님의 일은 이인삼각 경기와 같습니다. 3인이면 4각, 5인이면 발 여섯 개를 묶어서 뛰는 것입니다. 100인이 모였으면 101각으로 모두가 발맞춰서 더디 가더라도 함께 가는 것이 승리입니다.

하나님이 원하시는 열매는 가장 먼저 우리가 모두 선교적인 존재가 되는 겁니다. 그렇게 서로 함께 다듬어지라고 공동체로 보내서 훈련하게 하는 것입니다. 하나님은 다른 곳에 선교사로 보내시기 전에, 먼저 저와 여러분에게 '선교적인 존재로 만드시는 선교'를 우리에게 행하신다는 사실을 기억할 수 있길 바랍니다.

하나님의 다른 도구들도 존중할 줄 아는 교회

하나님의 선교에 동참하는 성도는 다른 사람과 다른 방식을 존중할 줄 아는 성도입니다. 하나님이 부족한 나를 쓰신다는 것은 나와 생각과 스타일과 속도가 다른 저 사람도 아주 요긴하게 쓰신다는 것을 말하는 것이지요. 선교를 하나님이 하신다고 믿는다면, 그 일에 부름을 받은 우리는 모두가 주의 일에 함께 협력하라고 붙여주신 선한 도구들 아니겠습니까? 주님 입장에서 보면 우리는 모두 다 필요합니다. 그래서 선교는 절대로 혼자 하는 게 아니라, 공동체에서 다듬어지면서 함께 하는 것입니다. 혼자서도 잘할 수 있다고요? 아니요. 혼자 하면 실수합니다. 점검이 안 됩니다.

혹시 주의 일을 하다가 마음이 상하고, 관계가 상하고, 문제가 해결되기보다 오히려 점점 정죄하는 마음이 더 커지고 있습니까? 마음이 분열되고 상대를 판단하게 되고, 나는 문제없는 것 같고, 자꾸 분노만 치밀어 오르나요? 그런 분들이 없으면 좋겠지만 만약 그런 분들이 계신다면, 지금 하는 일을 멈추십시오. 자신을 위해서, 다른 분들을 위해서, 무엇보다 하나님의 선교를 위해서 잠시 멈추십시오. 우리 하나님은 절대로 그런 마음 상태로 주의 일을 하는 걸 원치 않으십니다.

자기 내면이 멍들고 관계가 피폐해지면서까지 일하는 것은 하나님이 원하는 것이 아닐 뿐 아니라, 하나님의 속성도, 하나님의 마음도, 계획도 아닙니다. '하나님의 선교'가 뭡니까? 깨진 세상을 회복하는 샬롬의 사역 아닙니까? 궁극적으로 하나님 나라 회복을 위해서 샬롬을 위해서 일을 맡기셨는데, 선교하는 우리에게 평화가 없고 분쟁하고 내면이 피폐하다? 만약 지금까지 그런 것들을 당연하게 여기면서 신앙생활을 했다면, 심각하게 오해하고 있는 것입니다. 하나님이 우리에게 주시는 '하나님 나라'는 절대 그런 모습이 아닙니다.

그래서 하나님의 선교에 참여하는 자들은 싸우면 안 됩니다. 아니, 싸울 수 없습니다. 우리가 분립해 나온 광성교회 시절부터 우리 교회에는 이런 슬로건이 있습니다. '싸우면서 할 만큼 선한 일은 없다!' 서로 싸우면서까지 꼭 해야만 하는 선한 일은 하나도 없다는 얘기입니다. 이 말을 반대로 해석해 보면, 우리 공동체가 서로 마음이 갈라지지 않고 한마음을 품을 수 있다면 하나님이 마음 놓고 믿음직스럽게 사용하실 수 있는 선교적 교회가 될 수 있다는 말씀이기도 합니다.

바로 이것이 우리 교회가 선교적 교회로 가는 첫걸음입니다. 함께 선교적 교회가 되는 첫걸음은 '한마음을 품을 줄 아는 교회'입니다. 오늘 선교주일을 맞아 하나님이 우리에게 원하시는 것도 바로 이것입니다. '폭주하지 말고, 성과 내려 하지 말고, 공동체 안에서 마음의 결을 맞추는 훈련부터 해라! 그것이 선교의 첫걸음이다!'라는 의미입니다. 여러분! 함께 사역하기 전에 먼저 기도로 마음을 모으시기를 바랍니다. 팀이 한마음이 되지 않으면 하지 마시길 바랍니다. 오히려 하지 않는 것이 하나님의 선교입니다.

공동체가 한마음을 품을 때 하나님의 선교는 시동이 걸린다

마음을 같이하여 같은 사랑을 가지고 뜻을 합하여 한마음을 품어 빌 2:2

짧은 한 절 안에 '같이, 같은, 합하여, 한마음'처럼 비슷한 뜻을 가진 단어가 네 번이나 반복되고 있습니다. 얼마나 강조하고 싶은 내용이면 바울 사도가 이렇게 썼겠습니까? 공동체가 한마음 품을 수 있을 때, 하나님의 선교는 시동이 걸립니다. 그런데 사실 교회가 한마음을 품는다는 게 참 어려운 일입니다. 부부가 평생을 함께 살아도 잘 안 되는데 생각도, 경험도, 스타일도, 기준도, 속도도, 다 다른 수많은 성도가 어떻게 마음을 하나로 모을 수 있단 말입니까? 그것은 물리적으로도, 상식적으로도 불가능한 일입니다. 그런데 그럼에도 불구하고 성경은 계속해서 한마음을 품으라고 강조합니다. 성경이 계속 이렇게 말씀하는 것은 가능하니까 주시는 말씀 아니겠습니까? 성경에서 말씀하는 '한마음'은 당장 똑같은 마음을 가지라는 말이 아닙니다. 마음의 방향을 한 곳으로 향하게 하라는, 결이 같은 마음을 말하는 것입니다. '한결같은 마음'을 말하는 거죠. 그 한 곳이 어딥니까?

너희 안에 이 마음을 품으라 곧 그리스도 예수의 마음이니 빌 2:5

생각과 모양과 스타일은 달라도, 모두가 함께 예수의 마음을 품을 때 그곳에서 마음이 하나로 모일 수 있는 것입니다. 예수님께 가까이 가자는 거예요. 각자가 있는 곳에서 예수님을 닮아갈 때, 예수 안에서 하나가 될 수 있습니다. 이건 충분히 가능합니다. 그런 예수의 마음은 어떤 마음입니까?

그는 근본 하나님의 본체시나 하나님과 동등 됨을 취할 것으로 여기지 아니하시고 오히려 자기를 비워 종의 형체를 가지사 사람들과 같이 되셨고 사람의 모양으로 나타나사 자기를 낮추시고 죽기까지 복종하셨으니 곧 십자가에 죽으심이라 빌 2:6~8

우리가 너무 잘 아는 말씀이죠. 예수님은 낮아지고 낮아져서 죽기까지 복종하셨어요. 서로 더 낮아지고 서로 더 품어주고 서로 양보하고 이해하고 존중하면서 예수의 마음을 품어갈 때, 우리는 비로소 결을 같이 하는 한마음 공동체가 될 수 있습니다. 이런 마음이 되도록 도와주는 구절들을 볼까요?

모든 겸손과 온유로 하고 오래 참음으로 사랑 가운데서 서로 용납하고 성령이 하나 되게 하신 것을 힘써 지키라 엡 4:3

할 수 있거든 너희로서는 모든 사람과 더불어 화목하라 롬 12:18

그런즉 누구든지 그리스도 안에 있으면 새로운 피조물이라 이전 것은 지나갔으니 보라 새 것이 되었도다 모든 것이 하나님께로서 났으며 그가 그리스도로 말미암아 우리를 자기와 화목하게 하시고 또 우리에게 화목하게 하는 직분을 주셨으니 고후 5:17~19

선교하시는 하나님이 지금 우리 가운데 행하시는 본질적인 사역은, 예수 안에서 하나 되게 하시는 사역이자 하나 된 우리를 통해 세상에서 화목케 하는 직분을 감당케 하는 것입니다. 우리가 선교적 교회가 된다는 것은 대단한 뭔가를 하는 게 아닙니다. 하나님이 마음 편하게 믿고 쓰실만한 선교적인 제자들이 되는 것입니다. 하나님은 분열하지 않는 마음을 선교의 도구로 사용하십니다. 어디를 가도 화목할 줄 아는, 한마음을 품을 줄 아는 교회를 기쁘게 쓰세요. 성령이 하나 되게 하신 것을 힘써 지키는 교회를 마음껏 사용하십니다.

우리 교회에는 참 많은 위원회, 선교팀, 많은 제직회 팀들이 있습니다. 각자 있는 곳에서 열심히 충성을 다하고 헌신하고 계십니다. 다만 온 선교주간을 맞이하며 간절히 바라기는, 우리 교회 온 성도들의 영적인 체질이 선교사의 정체성을 가진 선교적 체질이 되길 간절히 바랍니다. 이해받기보다 먼저 이해하고 다름을 인정하고, 서로 존중하고 기다려주며, 독주하기보다 협주하고, 개인이 앞서가기보다 함께 가기를 기뻐하는, 먼저 평화할 줄 알고 어디를 가든지 화목케 하는 하나님의 직분을 함께 감당하는, 하나 되는 교회, 한마음을 품는, 한결같은 교회가 될 수 있기를 간절히 기도합니다.

선교사
예수님처럼

사도행전 11:19~21

19 그 때에 스데반의 일로 일어난 환난으로 말미암아
흩어진 자들이 베니게와 구브로와 안디옥까지 이르러
유대인에게만 말씀을 전하는데
20 그 중에 구브로와 구레네 몇 사람이 안디옥에 이르러
헬라인에게도 말하여 주 예수를 전파하니
21 주의 손이 그들과 함께 하시매
수많은 사람들이 믿고 주께 돌아오더라

오늘까지 우리 교회는 선교주간으로 보냅니다. '선교하시는 하나님'의 마음을 따라가며, '선교적 교회'의 첫발을 떼는 뜻깊은 의미가 있는 해입니다. 한 분도 빠짐없이 각자 있는 곳에서 하나님의 선교적인 부르심에 반응하는 시간이 되었으면 좋겠습니다.

'천국', 하나님 나라를 살펴보면서 말씀을 시작하려 합니다. 우리가 천국을 누린다고 할 때 우리는 어떤 경험을 하게 될까요? 부인할 수 없는 평안과 영적인 자유함, 세상의 어떤 재미보다 마음 깊은 곳에서 느끼는 기쁨, 영적인 안정감 등이 아닐까요? 그런데 이런 경험은 현실의 상황과는 전혀 상관없이 누릴 수 있는 특징이 있습니다. 왜냐하면 이런 축복들은 하나님과의 관계에서 오는 것이기 때문이죠. 우리가 하나님과 친밀한 관계에 있다면, 이 땅에서 어떤 상황에든 얼마든지 '천국'을 누리면서 살 수 있다는 말씀입니다.

천국(天國) – '하나님 나라'에 대한 마태적 표현.
'하늘(天) 나라(國)'
하나님이 다스리시는 나라(Kingdom of God)

'천국'은 여러 번 말씀드렸지만, 다시 한 번 말씀드립니다. 그만큼 중요한 것이기 때문입니다. 죽어야만 가는 곳이 아닙니다. 천국은 '하나님 나라'를 한자어로 번역한 단어죠. 천국은 마태복음에만 나오는 표현입니다. 마태복음은 유대인을 대상으로 쓰였는데 유대인들은 하나님이라는 호칭을 쓰는 것을 불경하게 여겼습니다. 그래서 여호와, 주님 등 다른 표현을 사용했고 마태도 하나님 대신 하늘로 쓴 것이죠. '하나님 나라'를 '하늘나라'로요. 이를 한자어로 번역하면서 천국이 된 것입니다.

그러다 보니 여기에서 오해가 생겼습니다. 천국이 한국문화에서 익숙한 '천당'이 된 것입니다. 그러나 천국은 천당처럼 죽어서 가는 장소적인 개념이 아니라 통치의 개념입니다. 하나님이 왕이신, 사랑과 공의의 법으로 통치되는 나라를 천국이라고 하는 겁니다. 그것을 위해서 누가 오셨습니까? 예수님이 오셨습니다. 죄로 인해 하나님과 관계가 끊어진 우리를 다시 연결해서, 하나님의 다스림을 받으면서 '하나님 나라에서와 같은 삶'을 누리게 하시려고 예수님이 이 땅에 오셨습니다. 우리가 예수님을 삶의 주인으로 모시고 살 때 비로소, 이 땅에서 하나님 나라를 사는 천국 백성으로 살게 되는 것입니다.

'사람에겐 하나님만이 채울 수 있는 공백이 있다'

주변에 보면 믿는 분들보다 훨씬 문제없이 잘 사는 분들이 계십니다. 아주 인격적이고 자상하고 분노도 조절할 줄 알고 매사에 진중하면서 갈등도 조율할 줄도 알고, 일의 순서도 알고 예의까지 갖춘 사람들이요. 그런데 하나님을 믿지 않는 사람들이요. 얼마 전에 한 집사님이 말하기를 "재수 없이 들릴지 모르겠지만, 저의 남편이 그렇게 완벽합니다. 믿음만 없고요."라고 하면서 그래서 남편에게 전도가 안 된다는 거예요. 자기가 모범이 안 되니까요.

예수 안 믿어도 그렇게 바르게 사는 분들이 있습니다. 분명히 타고나는 인간성도 있는 거죠. 그런데 그런 분들도 단 하나, '영혼의 공허함'은 그 무엇으로도 채울 수 없을 것입니다. 하나님과의 관계에서 오는 영적인 안정감이 없기 때문입니다. 영적이라는 말은 하나님과의 관계를 의미하기 때문입니다. 이것은 겉으로 잘 드러나지 않습니다. 그래서 간과하기 쉽습니다.

파스칼은 "사람에겐 누구에게나 하나님만이 채우실 수 있는 공백이 있다."라고 했습니다. 그의 말처럼 하나님만이 채워주실 수 있는 영역이 채워지지 않으면, 인간의 내면은 갈수록 고갈되면서 결정적일 때 한계가 드러납니다. 그렇지 않은 사람이 있다면 아직 한계를 안 만

낳을 뿐이라 생각됩니다. 하나님과 관계가 회복됨으로써 내 삶의 참된 목적과 의미를 깨닫고, 하나님의 통치안에서 평안을 누리며 사는 것, 그것이 천국 같은 삶인 것입니다.

> 나는 포도나무요 너희는 가지라 그가 내 안에, 내가 그 안에 거하면 사람이 열매를 많이 맺나니 나를 떠나서는 너희가 아무 것도 할 수 없음이라
>
> 요 15:5

여기서 말하는 열매는, 내가 원하는 것을 얻는 소원 성취가 아니라, 하나님이 창조하신 목적대로 삶을 살게 되는 '온전한 삶'이라는 열매입니다. 그렇게 예수께서는 '하나님 나라'를 선물로 주기 위해서 오셨습니다.

> 바리새인들이 하나님의 나라가 어느 때에 임하나이까 묻거늘 예수께서 대답하여 이르시되 하나님의 나라는 볼 수 있게 임하는 것이 아니요 또 여기 있다 저기 있다고도 못하리니 하나님의 나라는 너희 안에 있느니라
>
> 눅 17:20~21

너희 안에 있다는 표현을 우리는 흔히 우리 마음속에 있다고 이해해 왔는데, 원뜻을 보면, 'among you(너희들 사이에) 하나님의 나라가(내가) 왔다.'입니다. 그 하나님의 나라가 '이미' 왔다는 말씀입니다.

그러나 내가 하나님의 성령을 힘입어 귀신을 쫓아내는 것이면 하나님의 나라가 이미 너희에게 임하였느니라 마 12:28

그래서 풀러 신학대학의 신약학자 조지 래드(George Eldon Ladd)는 "하나님 나라는 현재적 실체이면서 또한 미래적 축복입니다. 하나님의 나라는 믿는 자들에게는 상속되는 미래적 축복의 나라이면서 또한 현재에 믿는 자들이 누릴 수 있는 나라이기도 합니다."라고 했습니다. '이미와 아직'의 하나님 나라가 우리에게 있다는 말이죠.

이런 이야기는 정말 많이 듣지 않았습니까? 그런데 앞으로도 계속 이야기할 겁니다. 왜냐하면 이것이 우리들의 신앙의 뼈대거든요. 예수님도 이 땅에 오셔서 가실 때까지 '하나님 나라'만 전했습니다. 예수님이 말씀하신 천국 비유가 다 하나님 나라 이야기였습니다. 하나님 나라가 우리 믿음의 뼈대가 되지 않으면, 우리의 신앙은 모래 위에 지은 집, 사상누각일 뿐입니다. 누리지도 못하고 성장하지도 못합니다.

선교주간을 맞이하여 우리 신앙의 본질인, '하나님 나라'를 다시 분명히 기억할 수 있기를 바랍니다. 천국 신앙의 기초를 다시 견고히 세울 수 있기를 간절히 바랍니다. 그리하여 예수 안에서 천국의 기쁨을 매일 맛보며 누리시길 바랍니다.

선교, 내게 임한 하나님 나라를 전하는 것

하나님 나라를 이해한다는 것은, 이렇듯이 모든 신학의 기초가 됩니다. 신론, 기독론, 구원론, 교회론, 선교학, 모든 신학의 본질이 다 하나님 나라입니다. 그렇다면 오늘 새삼 이렇게 하나님 나라를 다시 강조하는 이유는 내게 임한 하나님 나라를 전하는 것이 선교이기 때문입니다. 천국은 한번 제대로 맛보면 그 영원한 맛을 전할 수밖에 없는 것이기 때문입니다. 이것이 하나님이 선교하시는 방식입니다. 천국 복음을 먼저 알고 경험한 자들을 통해 하나님 나라가 자연스럽게 흘러가게 하는 것이 하나님의 선교방식입니다.

이 말은 반대로, 하나님 나라를 맛보지 못하면 결코 어떤 선교도 할 수 없다는 이야기이기도 합니다. 천국 맛을 모르면서 천국을 전한다? 그러니까 실수하는 것입니다. 그러니까 선교하면서 싸우고 그러니까 선교하다가 힘들면 포기하는 거지요. 천국을 누리지 못하면서 천국의 복음을 전할 수 있습니까? 그건 억지입니다. 만약 그렇다면 그것처럼 힘들고 불편한 일이 어디 있겠습니까? 예수 안에서 누리는 영적인 자유함과 평안함, 영혼 구원의 기쁨을 맛본 자들은 복음을 전하는 것이 자연스럽습니다. 전하지 말라고 뜯어말려도 소용없습니다.

내가 다시는 여호와를 선포하지 아니하며 그의 이름으로 말하지 아니하리

라 하면 나의 마음이 불붙는 것 같아서 골수에 사무치니 답답하여 견딜 수 없나이다 렘 20:9

예레미야의 강렬한 고백입니다.

바울이 가로되 말이 적으나 많으나 당신뿐 아니라 오늘 내 말을 듣는 모든 사람도 다 이렇게 결박한 것 외에는 나와 같이 되기를 하나님께 원하노이다 하니라 행 26:29

바울은 아그립바 왕 앞에서 다 자기와 같기를 원한다고 외칩니다.

베드로와 요한이 대답하여 이르되 하나님 앞에서 너희의 말을 듣는 것이 하나님의 말씀을 듣는 것보다 옳은가 판단하라 우리는 보고 들은 것을 말하지 아니할 수 없다 하니 행 4:19~20

베드로와 요한은 협박하는 공회원들 앞에서 이렇게 담대하게 말하죠.

이들은 왜 목숨을 걸면서까지 복음을 전하는 걸까요? 이 천국 복음은 들어도 되고 안 들어도 되는 '좋은 메시지' 정도가 아니었기 때문입니다. 이 땅의 모든 생명을 구원하고 살리려는 하나님의 강렬한 마음이자, 하나님의 목적이요, 태초부터 지금까지 멈추지 않은 하나님의 선교였기 때문입니다.

그래서 우리도 이 천국 복음을 전하지 않을 수 없습니다. 하나님이 하시는 선교의 특징이 바로 이것입니다. 하나님 나라를 풍성히 누리게 하셔서 그들로 복음을 자연스럽게 흘려보내시는 겁니다. 물론 기독교인이라면 누구나 선교에 대한 거룩한 부담감은 있겠지만, 절대로 선교는 해야 해서 억지로 하는 활동이 아닙니다.

통일소망선교회 이빌립 목사님 간증을 듣던 중 저는 충격을 받았습니다. 제3국에서 복음을 제대로 듣고 변화된 통일민(탈북민) 중 한국으로 나오는 사람들보다, 다시 북으로 들어가는 사람들이 훨씬 많다고 합니다. 한 해 300명이 구원을 얻는데 이 중 100명만 남한으로 들어오고 200명은 다시 북한으로 돌아간다는 것입니다. 왜? 하나님 나라 구원의 복음을 만나고 새 삶을 얻으니 그 복음을 들고 가족들에게 돌아가 전하지 않을 수 없다는 겁니다. 이게 진짜 복음의 능력, 하나님의 선교 현장이 아니겠습니까? 선교는 우리가 하는 것이 아니라 힘들어도 위험해도 성령이 감동하게 해서 자발적으로 참여하도록 진행됩니다.

우리 주변에도 이런 이야기들이 있습니다. 얼마 전에 오신 새 가족 가운데, 처음 믿기 시작한 분이 계셨습니다. 그분이 하시는 말씀이, 자기 집에 가사도우미로 오신 우리 교회 집사님을 보고 그분이 믿는 하나님이라면 나도 믿고 싶어서 왔다고 했습니다. 특별히 전도한 것도 아닌데 자발적으로 교회에 나와 등록하신 거였습니다. 또 작년에 예수를 처음 믿기 시작한 엄마가 달라져도 너무 달라져서 엄마를 변화시킨 하나님이라면 자기도 믿어보겠다는 고3 딸이 교회에 나와 등록한 경우도 있었지요. 지금도 열심히 예배드리고 있습니다. 남편의 외도로 이혼 직전까지 갔던 가정이 있었는데 아내가 선으로 악을 이기려고 몸부림치는 가운데 놀라운 변화가 일어났습니다. 믿지 않는 남편이 이런 말도 했다고 합니다. "내가 아내 때문에 요즘 천국을 산다."고요.

지금 예수 안에서 천국을 살고 있습니까? 신앙생활이 즐겁습니까? 그렇지 않다면 예수님과 함께 누리는 천국의 기쁨이 먼저 회복될 수 있기를 간절히 바랍니다. 그 천국이 자랑스럽습니까? 아니면 부끄럽습니까? 아니면, 그저 그렇습니까? 자랑스러우시다면, 어떻게 자랑하고 있습니까? 천국을 누리는 만큼 적극적으로 나누십시오. 천국 복음을 나누고 전하는 현장마다 하나님의 역동적인 선교가 일어날 줄 믿습니다. 그렇게 하나님의 선교에 신나게 쓰임 받는 선교사들이 다 되시길 축복합니다.

선교사 예수님, 우리를 선교사로 파송

예수님은 십자가에 달리시기 전, 유언 같은 기도를 하셨습니다. 그 중에 이런 내용이 있습니다.

아버지께서 나를 세상에 보내신 것 같이 나도 그들을 세상에 보내었고
요 17:18

'나는 보냄 받은 자다.'라는 거죠.

예수께서 또 이르시되 너희에게 평강이 있을지어다 아버지께서 나를 보내신 것 같이 나도 너희를 보내노라 요 20:21

이 말씀이 선교학에 있어서 중요한 이유는, 예수님도 자기 자신을 보냄 받은 선교사로 인식하셨다는 사실 때문입니다. 그리고 "나도 이 땅에 선교사로 보냄 받았으니, 나도 너희를 선교사로 보낸다."고 하십니다. 그렇습니다. 초대교회 성도들은 보냄 받은 자로서 분명한 자기 정체성을 가지고 있었습니다. '보냄 받은 자'라는 단어에는 세 가지 의미가 담겨 있습니다

보냄 받은 자는,

1) 자신을 보내신 자를 잘 안다.

2) 자신이 지금 있는 곳이 바로 보냄 받은 곳임을 안다.

3) 보냄 받은 곳에서 내가 해야 할 일이 있음을 안다.

사도행전을 보면 초대교회 성도들에게 이런 보냄 받은 자로서의 모습이 잘 드러납니다.

> 그 날에 예루살렘에 있는 교회에 큰 박해가 있어 사도 외에는 다 유대와 사마리아 모든 땅으로 흩어지니라 행 8:1

부흥하던 예루살렘 초대교회 성도들이 큰 박해로 인해 뿔뿔이 흩어지게 되었습니다. 그들이 흩어질 때 곱게 흩어졌을까요? 아니죠. 핍박과 죽음, 두려움과 고통 속에 흩어지지 않았겠습니까? 그들은 눈 앞에서 교회가 초토화되고 기독교가 말살되는 느낌을 받았을 것입니다. 그런데 놀라운 일이 벌어집니다.

> 그 흩어진 사람들이 두루 다니며 복음의 말씀을 전할 새 행 8:4

초대교회 성도들이 뿔뿔이 흩어진 곳에서 무엇을 합니까? 복음을 전했습니다. 그것도 두루 다니면서 말이죠. 이 표현은 굉장히 인상적인 표현입니다. '흩어진'은 수동태 표현인데, '두루 다니며'는 능동태입니다. 수동적으로 만들어진 위기 상황을, 능동적으로 전도할 기회로 바꾸었다는 것이지요. 이것은 마치 그들이 두루 다니면서 복음을 전하려고 일부러 흩어진 사람들처럼 살았다는 겁니다. 놀랍지 않습니까? 어떻게 그런 일이 있을 수 있었을까요? 그것은 그들이 흩어진 곳이 곧 하나님이 보내신 곳임을 알았기 때문입니다.

성경은 그 흩어져 전한 복음의 역사가 얼마나 위대한지 보여줍니다. 오늘 본문인 사도행전 11장 19절에서 21절을 보겠습니다.

그 때에 스데반의 일로 일어난 환난으로 말미암아 흩어진 자들이 베니게와 구브로와 안디옥까지 이르러 유대인에게만 말씀을 전하는데 그 중에 구브로와 구레네 몇 사람이 안디옥에 이르러 헬라인에게도 말하여 주 예수를 전파하니 주의 손이 그들과 함께 하시매 수많은 사람들이 믿고 주께 돌아오더라 행 11: 19~21

이 장면은 선교의 역사 가운데 결코 잊지 못할 위대한 한 페이지입니다. 성경에 '흩어진 자들'이라고 불린 이름도 없는 몇 사람이 하나님이 보내신 안디옥에 와서 헬라인에게 예수 안에 있는 하나님 나라를 너무나도 자연스럽게 전파하는 겁니다! 당시 유대인에게만 복음을 전하던 선교 패러다임, 그 인식의 장벽을 완전히 뛰어넘는 행동이었지요. 누구도 생각하지 못했던 전도의 장벽을 뛰어넘었습니다.

21절의 주의 손이 그들과 함께 하시매 수많은 사람들이 믿고 주께 돌아오더라 하나님이 얼마나 이 순간을 기다려왔는지는 21절을 보면 잘 알 수 있습니다. 하나님의 손이 기다렸다는 듯이 움직이고, 역사하기 시작합니다.

"나의 자녀들아! 하나님 나라를 가슴에 품은 나의 자녀들아! 내가 너희를 지금 너 있는 곳에 보냈으니, 과감하게 장벽을 넘어가라! 복음 전하는 게 불가능하다고 생각하지 말고, 두려워하지 말고 복음을 전하라! 너희가 그 장벽을 넘는 순간, 그때부터 내가 책임질 것이다!"

이것이 바로, 우리들을 통해서 일하시는 하나님의 선교입니다. 우리가 할 일은, 우리 앞에 놓인 장벽들을 열심히 넘어가는 것이고, 하나님이 하실 일은, 우리가 장벽을 넘는 현장에서 열심히 선교하시는 것입니다.

하나님이 보내신 여러분 삶의 현장에, 지금 어떤 장벽들이 가로막고 있습니까? 어떤 것들이 복음을 전하는 데 방해가 됩니까? 그 장벽 너머에는 누가 있습니까? 사랑하는 우리들의 자녀가 있고, 사랑하는 우리 부모님이 있고, 이웃, 동료, 복음을 알지 못하고 죽어가는 영혼들이 있지 않습니까? 우리 하나님은 우리가 모두 적극적으로 복음을 들고 장벽들을 과감하게 넘어가기를 원하시는 줄 믿습니다.

하나님의 선교, 각자의 삶의 현장에서 드러내는 천국의 맛

우리가 매일 살아가는 삶의 현장에서 적극적으로 복음을 드러내는 것이 사실 우리가 할 수 있는 가장 실제적인 선교요, 실천적인 선교입니다. 우리가 맞닥뜨린 삶의 현장에서 매일 천국의 맛을 드러내는 것이 '하나님의 선교'입니다.

선교주간을 보내면서 우리가 넘어야 할 장벽들은 어떤 것들이 있는지 다시 한번 바라볼 수 있으면 좋겠습니다.

우리 안의 마음의 장벽들을 과감히 부수기

우리 안에는 끊임없이 마음의 벽을 쌓아 올리는 악한 습관들이 있습니다. 나와 다름을 인정하지 않고, 하나 됨을 싫어하고, 내 방식만 고집하고, 익숙한 사람들하고만 함께 뭔가를 하려는, 잘못된 벽 쌓는 습관이 있습니다. 선교는 우리 안의 마음의 장벽을 부수는 것부터 시작하는 것입니다.

지금, 이곳에 보내신 사명 기억하기

우리 거룩한빛운정교회는 어떤 곳에 있습니까? 15분만 가면 북한이 보입니다. 우리 교회에는 파주라는 지정학적인 위치가 주는 사명이 있습니다. 눈앞에 보여도 갈 수 없는 북한을 향하여 지리적인 장벽이 무너지도록 통일을 위해 기도하고 준비하는 게 우리에게 맡겨진 하나님 선교 아니겠습니까?

우리 교회는 작게나마 북한선교의 문을 열었습니다. 함경북도 최북단에 11개 마을의 아이들이 다니는 '철도유치원'이 있습니다. 지금 이곳 120명의 아이들에게 매일 빵을 먹이고 있습니다. 만원이면 한 아이가 한 달을 살 수 있습니다. 여러분의 뜨거운 사랑과 도움이 지금 저 장벽을 뚫고 들어가고 있습니다.

또한 올해부터 '북한선교 전초기지'가 되기 위해 본격적으로 기도하기 시작했습니다. 매주 20명 정도가 모여서 통일선교를 위해서 기도로 마음을 모으고 있습니다. 우리가 드리는 이 기도의 씨앗이 분열이라는 장벽을 무너뜨리는 통일선교의 시발점이 될 줄 믿습니다. 여러분도 기도로 힘을 모아주시길 바랍니다.

또 우리 주변에 수많은 사회적 장벽들이 천국의 삶을 가로막고 있습니다. 가난이 가져다주는 고난이라는 장벽이 대표적입니다. 우리 교회가 긍휼한 마음으로 나누는 작은 섬김과 나눔이, 가난이라는 장벽을 부수는 것 아니겠습니까? 우리가 드리는 여러 모양의 긍휼헌금이 천국으로 인도하는 작은 출입문 역할을 하지 않겠습니까?

동시대를 살아가는 영적인 불모지를 향한 사명은 또 어떻습니까? 하나님은 지리적인 장벽으로 갈 수 없는 선교 현장에도 우리가 가길 원하십니다. 그런데 당장 우리가 타 문화권, 타국의 영혼들에게 어떻게 넘어갑니까? 물론 직접 헌신하여 갈 수도 있지만, 하나님이 먼저 보내신 선교사들을 성심껏 지원하고, 돌보고, 책임지고, 물질을 적극적으로 흘려보내는 것으로 오늘도 내일도 우리가 모두 넘어갈 수 있지 않겠습니까?

예수님은 죄와 죽음의 장벽을 뚫고 우리에게 오셨습니다. 구원하고 살리고 새 생명을 주고 천국의 삶을 선물로 주시려고 오셨습니다. 우리들에게도 그런 사명을 주신 줄 믿습니다.

"하나님 나라를 너만 누리지 말고, 적극적으로 천국 복음을 전하라! 내가 너를 통해 일하겠다!"

그렇게 하나님 손에 붙들린 아름다운 선교적 교회, 선교의 도구가 다 되는 것이 우리의 사명입니다.

멀리보기

조금먼 더 멀리보고..
오늘은...
가장가까운 곳 한 발떼기.
20190422 부활절 다음날
mmo mjo

'하나님의 선교'하심을 함께 경험했던 기쁨

분립개척 후 지난 5년간 하나님이 우리 거룩한빛운정교회에 베푸신 은혜는 한량이 없었습니다. 불가능해보이던 일이 합하여 선이 되었던 기적 같은 일과 서로를 뭉클하게 감동시켰던 성도들의 헌신 이야기는 끝이 없었습니다. 마치 출애굽하던 이스라엘 백성을 먹이시고, 입히시고, 인도하셨던 광야의 여정처럼 드라마틱했던 일들이 주마등처럼 떠오릅니다.

특히 올해 '잔치하는 교회'를 선포하고 한 해를 시작하니 정말로 여러 잔치의 연속이었습니다. 결혼 잔치도 끊이지 않았고, 크고 작은 나눔과 교제의 잔치도 계속 이어지고 이 땅에선 물론 아쉬움 남기고 떠나셨지만, 다시 만날 천국에서 새롭게 생일잔치를 맞이하신 성도님들도 어느 해보다도 많았던 것 같습니다.

하나님 나라의 축제, '천국 잔치'는 이 땅에서 끝나는 것도 아니고, 물론 이 땅에서 떠나야만 시작되는 것도 아니라는 걸 우리는 잘 알고 있습니다. 하여, 지금 이 곳에서 천국을 누리며 죽음 이후에도 천국을 누리는 '천국에서 천국을 향하는' 성도의 삶이 얼마나 강력하고 행복한 지 많이 나누고 경험하는 한 해였습니다.

무엇보다 가장 큰 잔치는 거룩한빛예안교회 분립 잔치였습니다. 우리는 지난 5년 동안, 성령주도적인 공동체 개척이 무엇인지 함께 경험했습니다. '미래준비팀', '분립개척위원회', '분립준비팀' 등이 민주적인 절차와 인격적인 소통을 함으로써 분립개척에 대해 성도들의 관심도 높아지고 공감대가 형성되어 갔습니다.

때마다 지혜를 주시고 서로에게 온유하고 겸손한 마음을 주셔서 생각이 달랐던 성도들의 마음이 하나로 모아지는 것은 하나님만이 하실 수 있는 일이었기에 우리는 말 그대로 하나님의 선교적 사역에 함께 동참하는 축복을 누렸을 뿐입니다. 이런 '하나님의 선교'와 '선교적 교회'로서의 분립 여정을 우리 거룩한빛운정교회 성도들과 함께 쓸 수 있게 되어서 너무나도 행복하고 기쁩니다.

책을 마치며 우리 교회가 초대교회처럼 매일 복음으로 잔치하고, 우리 성도 한 사람 한 사람이 매일 예수님처럼 기도하며, 선교사로 오신 예수님처럼 삶의 현장에서 선교사로 살게 되기를 간절히 바랍니다.

그래서 5년 간의 우리 교회 이야기가 새로운 시작이 되길, 특히 이 지역과 북한 가운데 역동적으로 일하시는 하나님의 선교 이야기가 더욱 새롭게 쓰여지길 기도합니다. 모든 영광과 기쁨과 기대와 감사를 우리 하나님께 올려드립니다.